Öffentlichrechtliche Stellung des Arztes.

Inaugural-Dissertation

der

staatswissenschaftlichen Fakultät der Universität Zürich

zur Erlangung der Würde eines

Doctor juris publici

vorgelegt von

Jakob Spinner

aus Rüschlikon, Kt. Zürich.

Genehmigt auf Antrag von Herrn Prof. Dr. Max Huber.

Springer-Verlag Berlin Heidelberg GmbH

1913.

ISBN 978-3-662-23227-9 ISBN 978-3-662-25242-0 (eBook)
DOI 10.1007/978-3-662-25242-0

Die staatswissenschaftliche Fakultät gestattet hierdurch die Drucklegung vorliegender Dissertation, ohne damit zu den darin ausgesprochenen Anschauungen Stellung nehmen zu wollen.

Zürich, den 22. Februar 1913.

Der Dekan der staatswissenschaftlichen Fakultät:

Prof. Dr. H. Sieveking.

Meinen Eltern.

Inhaltsverzeichnis.

Historische Einführung.

Ein Abriß der Geschichte des ärztlichen Standes.

Zu allen Zeiten haben Heilwissenschaft und ihre Vertreter eine Sonderstellung im Staatswesen eingenommen, bald als Unterdrückte, bald als Bevorzugte, Privilegierte, je nach dem jeweiligen Stande ihres Könnens.

Heute ist unstreitig der Vertreter der Heilkunde einer der denkbar wichtigsten Kulturfaktoren und sein Einfluß auf das Wohl und Wehe des Staates, das Fortgedeihen der Bürger sowie auch auf die Gesetzgebung von weitgehendster Bedeutung.

Diese Bewegung nach vorwärts, nach einem Zusammenarbeiten von medizinischer Erkenntnis und gesetzgeberischer Gestaltung ist eine Errungenschaft der neuesten Zeit, ein Ruhmesblatt in der Geschichte der Menschheit.

Ohne das Zusammenarbeiten dieser Disziplinen waren gesetzgeberische Normen aufgestellt worden, die, wohl theoretisch richtig, durch die Erkenntniswissenschaft praktisch widerlegt wurden und so zu einem Kampf zwischen Jurisprudenz und Heilkunde führen mußten, Diskrepanzen, die in beiden Lagern erkannt, aber leichter erkannt, als beseitigt waren.

Unser Zukunfts-Staatswesen kann sich in rassenhygienischer, allgemein gesundheitlicher Weise nur dann vollkommen entfalten, wenn umsichtige Vertreter der Heilkunde die Normen aufsetzen, denen der Gesetzkundige eine gesetzliche Grundlage schafft.

Aus diesen Gründen ist es begreiflich, daß das Zusammenarbeiten der Mediziner mit den Juristen in noch viel höherem Maße gefördert werden muß, als es zurzeit schon der Fall ist. Der Arzt muß mehr zur Mithilfe der gesetzgeberischen Körperschaften beigezogen werden. Man muß ihn aber dazu erziehen, viel mehr erziehen, als es heute der Fall ist, wo Fächer wie soziale Medizin, Gewerbehygiene, Unfallmedizin, Unfallbegutachtung, Gewerbechemie keine Prüfungsfächer sind und demnach vernachlässigt werden. Rechtskunde für den Medizin studierenden gibt es gar nicht; alles Punkte, die kommen werden und kommen müssen.

Blicken wir auf den Entwicklungsweg der heutigen Medizin zurück, so können wir sie in jene Zeiten verfolgen, wo der theurgische Charakter der Medizin überwog, wo der Arzt ein Priester war, wo das Metaphysische,

Dämonische der Krankheit und der Heilung Hauptfaktoren waren, wo die Prognose an Hand der „Omina“ die Medikation überwog[1]), in das Zeitalter der Chaldaer (Hamurabi ca. 2280 v. Ch.). Man wird wohl kaum fehlgehen, wenn man Mesopotamien als den Ausgangspunkt der Medizin, der Heilkunde bezeichnet.

Schon in Ägypten erreichte das Arzttum eine Blüte, wie sie später jahrhundertelang nicht mehr erreicht werden konnte. Die Tätigkeit der priesterlichen Ärzte, die in strengster Kasteneinteilung und Hierarchie lebten, war eine wesentlich diagnostische, und zwar in einem den heutigen Zustand noch überbietenden Spezialistentum. Ihren Lebensunterhalt verdankten sie dem Tempelgut und den plastischen Nachbildungen erkrankter Körperteile in Edelmetall, die ihnen als Geschenke zukamen (Votive). Strenge Strafnormen straften „Kunstfehler“ bei tödlichem Ausgange auch mit dem Tode. „Wenn ein Arzt jemand eine schwere Wunde mit dem Operationsmesser macht und ihn tötet, — so soll man ihm beide Hände abhauen“[2]) (Hamurabi S. 218, Übersetzung von Winkler, Leipzig 1902).

Vorbildliches wurde in der Hygiene geleistet, und wohl auf dieser Basis entstand die vorzügliche Sozialhygiene des mosaischen Gesetzes, des Pentateuch; dessen Präventivmaßregeln gegen Krankheiten, insbesondere Aussatz (Leviticus 13, 14), standen aber im übrigen den ägyptischen und indischen Sanitätsgesetzen weit nach.

Die Inder hatten in den Brahminen erstklassige Mediziner auf einer für heutige Verhältnisse sehr hohen Bildungsstufe. Es wurden bereits Operationen wie Hasenscharten, Brüche, Kaiserschnitt und hoher Steinschnitt ausgeführt, sogar kosmetische Operationen sollen bekannt gewesen sein.

China und Japan blieben in ihrem Konservatismus auf der nämlichen Stufe Jahrhunderte bestehen, bis die abendländische Kunst die Japaner zur Reform zwang, indeß China noch ebenso pedantisch am Alten festhält. Beide reichten nicht entfernt an ägyptisch-indische Arztkunst heran, stellten mehr ethische Anforderungen an den Arzt als solche des Könnens.

Bahnbrechend für das Altertum bis in die römische Zeit hinein war die griechische Medizin, die von Knidos aus sich über den ganzen Orient ausbreitete, deren bedeutendster Vertreter Hippokrates war, dessen Namen der Medizinalgeschichte stets erhalten bleiben wird. Bezeichnend für die ernste Auffassung des ärztlichen Standes war der „Eid des Hippokrates“, den die Schüler abzulegen hatten.

Für den heutigen Begriff seltsam ist die Mißachtung der Ausübung körperlicher Eingriffe der Chirurgie, die Ungelernten, Wandermedizinern, Periodeuten, überlassen wurde, Existenzen, die der niedern Chirurgie von heute entsprechen, öfter aber schon Vertreter des Charla-

---

[1]) Richter, a. a. O. S. 890.

[2]) Zur Hamurabi-Gesetzgebung und Gebührenordnung vergleiche man ferner Förtsch, a. a. O. 1019.

tanismus waren, der von dieser Zeit an der legalen Medizin als Schatten zu folgen beginnt.

Hippokrates bedeutet einen Höhepunkt des ärztlichen Standes; die „facies Hippocratica", sowie der „Hippokratische Eid" sind selbst modernsten Anforderungen gewachsen.

Als Übergangspunkt der griechischen Medizin zu den Römern ist Alexandrien, bezeichnend für das hohe wissenschaftliche Interesse der Ptolemäer, eine Bildungsstätte ersten Ranges.

Im alten Rom gab es keine Heilkunst, man besang und beschwor die Krankheiten, stellte Krankheitsgötter auf, „Dea Scabies", „Dea fluonia" usw., die man in den entsprechenden Fällen anrief. Die Heilkunde war ein gering geachtetes Akzessorium des Kultus, und es ist schon darum kein Wunder, daß die nach Rom kommenden Periodeuten einen furchtbar ungünstigen Boden fanden, obwohl sie der römischen Medizin weit überlegen waren. Mit dem Vorurteil gegen die Griechen verband sich dasjenige gegen den Heilkundigen, was aus einer Anzahl wenig schmeichelhafter Zitate genügend hervorgeht: „Omnis medicus mendax" „Medicinae etiam avidus, donec expertam damnavit" (Plinius).

Infolge des griechischen Ursprungs blieb der Medicus eine inferiore Existenz — „Carnifex" —, und erst die Kaiserzeit wurde dem Ärztestande etwas gerechter.

Aus dieser Zeit ist uns auch der erste bedeutende Pharmakologe, Dioskorides, bekannt, der als Militärarzt mit den verschiedensten Legionen reiste und so eine Menge Pharmaka kennen lernte, die er in fünf Büchern beschrieb.

Seit Julius Cäsar wurden Ärzte angestellt, Hof-, Stabs-, Kreis- und Leibärzte, und auch sehr gut bezahlt. Hand in Hand damit ging eine innere Festigung des Ärztestandes, derart, daß ein Kollegium von Archiatern (daher vielleicht auch das heutige „Arzt") nach Prüfung der Fähigkeiten neue Kollegen zuließ und auch deren Gehalt bestimmte; denn als Amtsärzte wurden sie mit einem Fixum bestellt, damit sie nicht „vor den Reichen kriechen und auch den Armen beistehen" — der Anfang der obligatorischen Hilfeleistung —; jedoch ward ihnen die Annahme von Geschenken keineswegs verwehrt.

Diese Bezahlungsfrage hat damals, wie auch heute, stets große Meinungsverschiedenheiten hervorgerufen.

Während Plinius sagt:

> „Die Würde eines Römers erlaubt es nicht, daß er von der Medizin ein Geschäft mache, und Römer, die sie zu erlernen beginnen, sind feile Überläufer zu den Griechen"[3]),

spricht sich Seneca, De beneficiis lib. XI aus:

> „Es gehört ihm nicht die Bezahlung des Dienstes, sondern der Lohn des Berufes. Pretium operae solvitur, animis debetur".

Die ärztliche Tätigkeit war schrankenlos frei, die Mediziner abgaben- und steuerfrei, ein Nachteil, der viele Elemente habgierigen Charakters

[3]) Gruber, a. a. O.

verlockte, sich als Arzt zu gerieren und Kunden zu prellen; Charlatanismus mischte sich mit dem Ärztestamm zu einer Heilkaste, die infolge der mindern Elemente eine Einbuße in ihrem Ansehen erlitt. Galen klagt über seinen eigenen Stand:

> „Der Unterschied zwischen Räubern und Ärzten ist nur der, daß jene im Gebirge, diese in den Städten ihre Missetaten begehen"[3a].

Ein wahrhaft trauriges Symptom! Galen war unstreitig einer der bedeutendsten unter den antiken Ärzten, der sich insbesondere durch seine in ca. 380 Büchern niedergelegten Erfahrungen der Nachwelt erhalten hat. Das Ansehen, das er in Rom genoß, machte ihn zum Feinde aller seiner Kollegen, so daß er für sein Leben fürchten mußte und Rom den Rücken wandte.

Galen bedeutet den Eckstein, den Schluß- und Höhepunkt der griechisch-römischen Medizinperiode. Nur Epigonen, die von seiner und seiner Vordern Wissen zehrten, füllten die Zeit der byzantinischen Periode aus, die den Grund zur Pfaffenmedizin des Mittelalters legte, indem die Zahl der Heilpriester sich auf Kosten der ausübenden Mediziner vermehrte und diese schließlich, da sie selber an Unfähigkeit krankten, zu verdrängen imstande waren.

Ebensowenig wie das republikanische Rom regelte das kaiserliche und später byzantinische die ärztliche Praxis. Nach Belieben konnte Arzt sein, wer wollte und wer gerade die Frechheit besaß, sich Arzt zu schimpfen. Um 600 n. Ch. wurde die Bestimmung erlassen, wonach bei jedem Regiment Ärzte und Krankenpfleger ausgebildet werden sollten; wohl die bedeutendste Maßnahme aus dieser Zeit, denn sie begründete sowohl die Institution des Truppenarztes als auch den Anfang der Krankenpflege als Ausfluß christlicher Pietät (Caritas).

Die Mönchsmedizin des Mittelalters, die sowohl im Kloster als auch auf dem flachen Lande ausgeübt wurde, bedeutet einen Rückschritt weit hinter die galenische Zeit. Nicht nur wurden die Klassiker der Medizin wenig mehr beachtet, sondern die Therapie mischte sich von neuem mit Kultus-, Besprechungs- und Zauberformeln, bei denen die Pharmaka oft nur sekundäre oder gar keine Rolle mehr spielten. Was halfs, daß die Klöster Krankenhäuser, Hospitäler gründeten — der eigentlichen Medizin wurde damit nicht nur nicht geholfen, sondern auch sogar noch der Großteil von Kranken entzogen.

Ein großer und wohltuender Einfluß auf die Weiterentwicklung ist den Arabern als den Vertretern der orientalischen Medizin zuzuschreiben, wirksam einesteils durch den Nimbus des Märchenhaften überhaupt, das dem Orient anhaftete, anderenteils durch die wirkliche Überlegenheit des Könnens, die Höhe ihrer medizinischen Wissenschaft. Die Araber errichteten auch die erste medizinische Universität des Abendlandes, Cordova (10. Jahrh.), die lange Zeit das einzige Institut dieser Art in Europa blieb.

[3a]) Gruber, a. a. O.

Aber bei allem Fortschritt kamen auch sie nicht über ein Vorurteil hinweg, das uns heute unbegreiflich erscheint: die Abneigung gegen die Chirurgie. Jahrhundertelang, bis in die neueste Zeit hinein, galt die Wundarzneikunst als inferior und auch ihre Vertreter, mehr oder minder geschulte Spezialisten — Steinschneider, Bader, Okulisten und Zahnärzte — als mindern Wertes als der Arzt, der bloß Diagnostiker und Therapeut war, und dem es sein Standesbewußtsein nicht erlaubt hätte, den Kranken zu berühren oder gar einen Eingriff an ihm vorzunehmen. Schon das ganze Altertum hielt daran fest; im hippokratischen Eid ist der Steinschneider schon als minder erkannt. Rom änderte nichts daran und die Araber sagten: Für den geachteten Arzt schickt sich nichts anderes, als daß er den Kranken Rat erteilt über Speise und Arzneien, fern von ihm aber sei jede Operation mit den Händen (Konsultationspraxis).

Der Zeit der Pfaffenmedizin blieb dieser Grundsatz ebenfalls, und mehrere Konzilien sprachen sich darüber aus: „Ecclesia abhorret a sanguine", und auf Grund dessen verbot man den geistlichen Personen das Schneiden und Brennen.

Es blieb also auch zur Zeit der Mönchsmedizin bei dem mindern, wandernden Chirurgenstand, der Mensch und Tier nach Bedarf behandelte. Dafür war das Ansehen der geistlichen Ärzte ein umso größeres, denn einesteils hatten sie den Nimbus des geistlichen Standes und andernteils ließen sie es an der nötigen Reklame auch nicht fehlen. „Sie muß als Arzt ein Hokuspokus machen, damit der Saft dir wohlgedeihen kann!"[4]).

Starb ihnen der Patient, dann war er ein fluchbelasteter Sünder, von dem Gott den Tod wollte, gelang ihnen etwas, dann war es ein Wunder, das Gott durch ihre Hand gewirkt, und sie zögerten nicht, die nötige Reklame zu machen, und wo ihre Arzneikunst sie im Stich ließ, mußte Besprechung, Bannung und geweihtes Wachs helfen:

„Was Apotheköl nicht wil schirmen,
Da sucht man heilig Öl zu firmen.[5])"

Lobenswertes, Vorbildliches haben allerdings die geistlichen Universitäten Monte Cassino und Salern[6]) geleistet, letztere mit einem Weltruf, was aus einem Gesetz — einem der ersten bedeutenden Medizinalgesetze — Friedrichs II. hervorgeht, Bestimmungen, die den damaligen Wert der Medizin deutlich dartun:

I. „Praktizieren darf in allen ärztlichen Fächern und den Titel eines Arztes führen nur, wer in Salern die Prüfung bestanden und vom Kaiser oder dessen Stellvertreter die staatliche Erlaubnis erhalten hat. Zuwiderhandelnde erhalten Strafe an Geld und Gut und 1 Jahr Kerker.

---

[4]) Goethe, Faust, I. Teil, in der Hexenküche.

[5]) Peters a. a. O. S. 72, Gruber a. a. O. S. 33.

[6]) Collegium hippocraticum, gegründet 840 in Salerno. Vgl. Biernacki, S. 31.

II. Bevor der Arzt zur Prüfung zugelassen wird, muß er 3 Jahre Logik, 5 Jahre Medizin und Chirurgie gehört haben und 1 Jahr unter Leitung eines erfahrenen Arztes praktiziert haben.

III. Geprüft werden die Ärzte aus den echten Büchern des Hippokrates, des Galen und des Ebn Sina.

IV. Der Chirurg muß gleichfalls den Nachweis führen, daß er die Professoren gehört und 1 Jahr die Teile des Studiums betrieben hat, welche die Chirurgen notwendig haben, besonders die menschliche Anatomie.

V. Der Arzt muß Anzeige machen, wenn ein Apotheker verfälschte Arzneien verkauft.

VI. Der Arzt darf nicht gemeinsame Sache bezüglich des Arzneipreises mit dem Apotheker machen, noch weniger eine Apotheke halten."

Ferner eine Taxordnung, deren Wesentlichstes die Forderung der unentgeltlichen Armenbehandlung und die Regelung und Honorierung der Besuche darstellt.

Große Postulate sind in diesem Medizinalgesetz geregelt: die Abhängigkeit von der staatlichen Approbation; der Studienausweis; Prüfungsbestimmungen, das praktische Jahr; der Versuch einer Höherstellung der Chirurgie; die Anzeigepflicht von Gefährdung des Patienten durch gewissenlose Apotheker, ein Aufsichtsrecht über die Führung der Apotheken; ferner ein Verbot, sich mit dem Apotheker zur Ausbeutung der Patienten zu verbinden, ein Verbot der Selbstdispensation.

Die Taxordnung, unentgeltliche Armenbehandlung und eine nach heutigem Geldwert berechnete hohe Taxe für die Vermögenden, zeigt eine ideale karitatische Praxis.

Auf Salerno folgten die Hochschulen Bologna, Padua, Montpellier, Prag, Wien, auf denen man bereits mit Sektionen dozierte, zu dieser Zeit etwas Unerhörtes, an das man sich aber sehr schnell gewöhnte und mit Virtuosität Leichen von den Richtstätten stahl, um sie zu sezieren. Der größte Anatom dieser Zeit, Vesal, wurde darum nicht wenig angefeindet; ebenso der größte und bedeutendste Mediziner des 16. Jahrhunderts, Theophrastus Paracelsus von Hohenheim, der mit aller Tradition brach, allen Formelkram über Bord warf und in Basel die erste deutsche Vorlesung hielt. Er stellte die Verschiedenheit von Allopathie und Homöopathie fest, die später entgegen seinem Willen sich gegenseitig bekämpften, indeß er sie in vernünftigem Wechsel angewandt wissen wollte[7]).

Das kriegerische Mittelalter bedurfte — und würdigte sie — der Wundarzneikunst: es schuf den besoldeten Feldarzt, der den Truppen folgte, und dem Assistenten, Chirurgen, „Knechte", beigegeben wurden, die als Soldaten unter der Fahne standen („ob er hab weder gelt noch golt, deß hab ich von dem Fenlein solt". Gruber, a. a. O).

---

[7]) Über Theophrastus Paracelsus besteht außer Erwähnung in geschichtlich medizinischen Werken und Spezialliteratur neuerdings Literatur, die auf Paracelsus als Schöpfer der okkulten Medizin zurückgreift.

Der bedeutendste Vertreter der Wundarzneikunst, Ambroise Paré, brachte es durch seine hervorragende Tätigkeit sogar dazu, daß ihm der Papst den chirurgischen Ablaß verlieh, ein Streiflicht auf die allgemeine Achtung, die der ärztliche Stand genoß, da man als Chirurg, um Menschenachtung zu genießen, des Ablasses bedurfte. Eine Erkenntnis, die Paré als Militärarzt groß gemacht, ist die, daß exspektatives Verhalten bei Schußverletzungen erfolgreicher sei, als die Extraktion, eine neuerdings bewährte Lehre.

Das Ansehen der Wundärzte wurde jedoch von den Schmarotzerexistenzen, Harndoktoren, Staarstechern, Bruchschneidern, geschmälert, die in unglaublichster Weise Jahrmärkte und Herbergen zum Schauplatz ihrer charlatanistischen Tätigkeit machten, „Narren schnitten", „Grillen ausdestillierten" und mit ähnlichem Hokuspokus den Dummen das Geld abnahmen (vgl. Peters, a. a. O. in ausführlicher Darstellung).

In solchen Händen befand sich auch die Geburtshilfe, da die Behörden unvernünftig genug waren, dem Arzt diese Tätigkeit nicht zu gestatten, ja sogar 1522 in Hamburg einen Arzt verbrannten, weil er geburtshilflich tätig war.

Aberglauben in weitesten Kreisen erleichterte Ärzten und Pfuschern eine einträgliche Tätigkeit, die Horoskope stellen konnten, Alchimie und Astrologie betrieben und die Geheimnisse des Harns zu ergründen verstanden und sich im übrigen mit der Zähigkeit eines Ertrinkenden an allerlei Regeln festhielten. „Besser nach den Regeln der Wissenschaft gestorben, als gegen die Regeln gesundet", sagt Molière, der Karikaturist der Schwächen seiner Zeit, und so bringt er uns mehr wie ein Dutzend „Medizinalkünstler" auf die Bühne, die eine mehr oder minder klägliche oder lächerliche Rolle spielen.

Wenn man vom ganzen Altertum und Mittelalter sagen konnte, daß die Chirurgie eine untergeordnete, verachtete Stellung einnahm, so muß man von der Chirurgie der Neuzeit unbedingt behaupten: sie hat sich ihren Platz an der Sonne erkämpft, sie ist, wenn nicht die erste, so doch eine der ersten medizinischen Wissenschaften, und der Chirurg und Operationstechniker genießt ebenso großen Ruf und Anerkennung wie ein tüchtiger Gynäkologe oder Internist.

Von der abstrakten medizinischen Denkweise des vorigen Jahrhunderts abweichend, fingen Ärzte wie Petit, Desault und Hunter an, wieder scharf beobachtend zu arbeiten und betonten schließlich die Notwendigkeit von Zusammenwirken von Medizin und Chirurgie und tendierten auf Anerkennung der Chirurgie als Teil der Gesamtmedizin.

Demzufolge mußte der Bader- und Wundärztestand einem regelrechten Arzttum weichen, anfangs in Bayern, dann auch in den übrigen deutschen Ländern, und als Vorbedingung zur Ausübung der Chirurgie galt nun das Medizinstudium — die Chirurgie gliederte sich aufs allerengste an das Studium der Anatomie an. Als einer der Vorkämpfer für diese Art von Wechselwirkung zwischen Anatomie, Chirurgie und innerer Medizin muß Rudolf Virchow genannt werden, der Schöpfer der Zellularpathologie. Man kam von den berühtmen Systemen der abstrakten Medizin ganz ab und zur Erkenntnis, daß es für die Heilkunde kein System geben kann.

Neue Erfindungen, die fast Schlag auf Schlag folgten, brachten der Chirurgie einen weiteren Aufschwung.

Die durch Simpson und Morton gefundene Möglichkeit der Narkose mit Chloroform und Äther bot ein willkommenes Adjuvans, um die Operation schmerzlos zu gestalten.

Daß aber die Sepsis, das Wundfiber, dennoch die Mehrzahl der Operierten heimsuchte, konnte man nicht hindern, ehe nicht die Wundfiebererreger oder doch die Natur der Sepsis erkannt war. Erst die Erkenntnis über die Mikroorganismen in der Wunde, die wir Pasteur verdanken, und der Umstand, daß der Engländer Lister die Konsequenz daraus zog und die Antisepsis inaugurierte (Operation unter Carbolspray), brachte den Aufschwung. Daß dadurch natürlich die Zahl der Septiker gewaltig reduziert wurde, ist klar, daß man aber bestrebt war, die Sepsis ganz auszuschalten, zeigt, wie sehr man schon in kurzer Zeit den mikroskopischen Feinden der Menschheit auf den Leib zu rücken verstand. Man fing an, die Keime von der Wunde fernzuhalten und schuf die neueste Operationsart der Asepsis, die es nur noch in ganz wenigen Fällen zur Eiterung kommen läßt. Robert Koch schulden wir die Hauptanerkennung für diesen großen Schritt. Esmarch hat durch seine künstliche Blutleere die Operation zu einem beinahe unblutigen Eingriff gemacht und so dem Operateur ein übersichtlicheres Feld, dem Kranken durch Kräfteersparnis eine kürzere Heildauer geschaffen. So gelangte man dazu, das beinahe Unmögliche möglich zu machen, und keine Körperhöhle widersteht mehr dem Messer des Chirurgen. Operationen im Gehirn, Nähte am Herzen, Lungenoperationen, Transplantationen von lebendem und totem Material, alles ist dem Chirurgen möglich geworden.

Wenn Billroth sagte, daß die Medizin immer chirurgischer werde, so können wir ihm nur recht geben; denn das Gebiet der Chirurgie ist zurzeit so groß, daß es von einem einzelnen kaum mehr in seiner ganzen Ausdehnung erfaßt und richtig ausgeübt werden kann.

Der innern Medizin war kein so großartiger Aufschwung beschieden; denn sie hat sich nur langsam entwickelt und steht auch heute relativ weit hinter der Chirurgie zurück. Dagegen haben sich Adnexe zu ihr gebildet, die eine eminente Bedeutung als Hilfswissenschaften und selbständige Zweige erlangten. Es würde uns zu weit vom Wege abführen, wollten wir uns auf Wesen und Entwicklung von Bakteriologie, Serologie, Immunitätslehre, Röntgenologie nur einzutreten erlauben.

Wenn nun auch der Arzt von heute eine wirklich großartige Stellung als Wissender einnimmt, so ist es doch daneben einer der gefährlichsten Berufe; denn nicht nur, daß ihm stets Tod und Siechtum drohend nahe steht, sondern auch seine soziale und vor allem rechtliche Stellung, zufolge der er auf Messers Schneide an den Rand seiner Existenz gestellt wird, zwingt ihn zu äußerster Vorsicht und Anstrengung.

Erstens steht im allgemeinen der Arzt sozial und finanziell nicht so, wie es ihm kraft seines Wissens und Könnens zukäme.

Zweitens sind die Gesetze der meisten Staaten für den Arzt nicht nur nicht günstig, sondern sehr gefährlich, und daß ein bestrafter Arzt eine Herabsetzung in seiner Existenzfähigkeit erleidet, ist klar. Im weitern kann die zivilrechtliche Haftbarkeit den Arzt an den Rand des finanziellen Ruins bringen:

„..... denn schon die Erhebung der Anklage und die Verhandlung, auch wenn sie mit Freisprechung endet, schädigt ihn in seinem Berufsleben so enorm, daß diese Gefahr allein, selbst wenn er mit Freisprechung rechnen kann, genügen könnte, die Freiheit seines ärztlichen Handelns zum Schaden seiner Klientel zu beeinträchtigen.“ Horch und Franqué, a. a. O. S. 39.

1. Die Approbation.

A. Allgemeines.

a) Prinzipielles.

I. Begriff und Wesen.

Approbation deutschrechtlich bedeutet den Erwerb des gesetzlichen Befähigungsausweises für Ärzte, Apotheker und andere Medizinalpersonen, auf Grund dessen jemand zur Ausübung seines Berufs für das Gebiet des betreffenden Staates erst zugelassen wird; sie bedeutet aber im engeren Sinne auch die Urkunde als Dokument für sich[8]).

Dabei ist nicht gesagt, daß eine Zulassung nicht auch ohne Approbation möglich wäre. Die Approbation ist ein Verwaltungsakt, der für den Inhaber der dadurch erlangten Urkunde ein Recht oder einen Komplex von Rechten entstehen läßt (Titelschutz, Vorrechte, Monopol für bestimmte Handlungen, Sachverständigentätigkeit usw.).

Gemeinhin versteht man unter Approbation die Zulassung überhaupt und stellt sie damit als einen Inbegriff aller der Normen dar, die für die Zulassung zur Praxis überhaupt aufgestellt wurden[9]).

Als eine Quasi-Approbation ist Zulassung der in Grenznähe wohnenden Ärzte zur Grenzpraxis in zwei Staaten zu betrachten, eine Approbation, die zufolge Staatsvertrag und Niederlassung stattfindet.

II. Freigabe und Patentsystem.

Zwischen diesen beiden extremsten Standpunkten (beide in der Schweiz vertreten) gibt es Mittelstufen, wie z. B. das deutsche System:

Approbation für den Arzt als Arzt neben Freigabe der Ausübung der Heilkunst, wobei der ärztliche Titel als solcher geschützt ist. So auch in Neuenburg (ferner in England, Conrad, a. a. O II, S. 11).

---

[8]) Die Approbation und die dadurch erworbene Freizügigkeit kann auf keine Weise eingeschränkt werden, namentlich nicht durch Standesvereine und privatrechtliche Verträge. Solche Verträge werden als gegen die guten Sitten verstoßend betrachtet. Flügge, Standesangelegenheiten. D. M. W. 1910, S. 2203.

[9]) Approbation ist ein Begriff des deutschen Verwaltungsrechtes. Weil er bezeichnender ist als irgendein anderer Titel und vor allem nur auf Medizinalpersonen Anwendung findet, haben wir ihn hier für alle Zulassungsfragen des ärztlichen Berufes angewendet. Ein Patent erwirbt sich ja auch der Hausierer und Handlungsreisende.

Das Freigabesystem schließt eine Approbation absolut nicht aus, wohl aber Patentsystem die Freigabe. Die Approbation oder das Patent könnte formell zwar auch auf Grund von nichts, bloß auf fiskalische Taxe und Registrierung hin erteilt werden. Dieser Fall hat jedoch keine praktische Bedeutung.

Wenn wir die Approbation als Zulassung überhaupt auffassen = Approbation im weiteren Sinne, so bedeutet Approbation auf Grund eines Fähigkeitsausweises = Approbation im engeren Sinne = Patentsystem. Auf letzterem Boden stehen die meisten Kantone der Schweiz. Patent ist die zufolge Fähigkeitsausweises, oft gegen eine bestimmte Taxe erteilte Berechtigung zur Ausübung der Heilkunde. Der Umstand, daß man Dr. medicinae ist und ein solches Diplom besitzt, berechtigt an sich noch nicht zur Ausübung der Heikunde, sondern erst das auf Grund des Diploms erlangte Patent. Auf Grund des Dr.-Titels an sich wird gemeinhin kein Patent erteilt.

Dasselbe allein gibt das Recht zur Berufsausübung nicht, so daß der Betreffende mit dem Ausweis der Fähigkeit allein schon praktizieren könnte. Praktiziert jemand auf Grund des eidgenössischen Diploms, so ist er strafbar, weil er kein Patent hat (Kantonale Medizinalgesetze).

I. Wegen unbefugten Ausübens der ärztlichen Praxis wurde die Ehefrau eines Arztes im untern Emmental, welche wohl den Titel eines Dr. med. der Universität Bern besitzt, schuldig erklärt und zu 15 Fr. Buße verurteilt. Die Frau Doktor hatte regelmäßig ihren auf der Praxis abwesenden Gatten vertreten, indem sie Kranke untersuchte, Medikamente verabfolgte Zähne zog und auch Krankenbesuche abstattete. Gestützt auf ihre fachwissenschaftliche Bildung hielt sie sich berechtigt, alles das zu tun, was gewöhnlich die Frau eines Arztes tue, indem sie als Stellvertreterin ihres Mannes in Abwesenheit des letzteren den Patienten Bescheid gebe. Da die Frau Doktor kein Arztpatent besitzt, mußte sie wegen Zuwiderhandlung gegen das Medizinalgesetz schuldig erklärt und zu einer Geldbuße verurteilt werden.

Die Freigabe kann ihrerseits eine bedingte oder unbedingte sein, bedingt, wenn staatliche Normen betreffs Beschränkungen (Ausschluß gewisser ärztlicher Funktionen von der Freigabe) aufgestellt werden, wie in Deutschland und der Schweiz (Kantone Appenzell a. Rh. und Glarus), oder aber absolute Freigabe, wenn jede Art und jeder Umfang der Ausübung der Heilkunde freigegeben ist. Diese absolute Freigabe wurde auch in der Schweiz durch Scheuchzer und Klein im Nationalrate vertreten, glücklicherweise mit negativem Erfolg. Immerhin ist die Fassung des Art. 33 der BV. als eine Konzession an diese Motionäre und deren Parteien zu betrachten, und ergibt sich daraus der wenig glückliche Zustand der kantonal verschiedenen Regulierung, wie wir aus verschiedenen Übelständen noch sehen werden. Denn wenngleich die Mehrzahl der Kantone auf dem Boden des Patentsystems steht, d. h. von dem Mediziner zur Ausübung die Vorweisung eines Fähigkeitsausweises verlangt und daraufhin ein Patent erteilt, so ergibt sich doch aus der verschiedenen Stellung, die von den Kantonen eingenommen wird, mancher unhaltbare Zustand (z. B. in Graubünden).

Noch größer aber sind die Übelstände, verursacht durch die Kantone mit bedingter Freigabe; denn diese sind nicht nur für ihr Territorium eine Gefahr als „Hochburgen der Medikasterei und der Kurpfuscherei“[10]), sondern sie bedeuten auch eine Gefahr für die andern Kantone, mit geregeltem Arztewesen, denn die Kurpfuscherei streckt von ihren Asylen aus die Fangarme weit ins Land hinaus. Eine ganz ähnliche Gefahr bedeutet die durch das deutsche System bedingte Pfuscherei. Vergebens kämpfen die Ärzte und auch die Gesetzgeber gegen diesen „Krebs“ in der Heilkunde.

b) Spezielles.

III. Schweiz und Deutschland.

Ärztliches Monopol gewisser Heilzweige und Spezial-Funktionen. Während in Deutschland jedermann Kranke behandeln kann, ohne Arzt zu sein, wenn er sich nicht diesen oder einen arztähnlichen Titel anmaßt, so besteht für die Schweiz mit wenigen Ausnahmen diese Freigabe der ärztlichen Praxis nicht.

Dagegen können sowohl in Deutschland als auch in den schweizerischen Freigabekantonen nur diejenigen Medizinalpersonen für eine Ausübung der Heilkunde in staatlichen oder kommunalen Anstalten in Betracht kommen, die sich über eine abgeschlossene medizinische Bildung ausweisen, und denen vom Staate für das Ausüben der Heilkunst die Approbation erteilt wurde.

Die Approbation stellt den amtlichen Befähigungsnachweis für den Arzt dar und berechtigt zur Ausübung der Praxis in dem sie erteilenden Staat (in Deutschland Bundesstaat, in der Schweiz Kanton)[11]).

In der Schweiz ist es nach Art. 33 der BV. den Kantonen freigestellt, „die Ausübung der wissenschaftlichen Berufsarten von einem Ausweise der Befähigung abhängig zu machen“.

Einen solchen Ausweis verlangen alle schweizerischen Kantone mit Ausnahme von Appenzell a. Rh., Glarus und Neuenburg. Diese stehen also prinzipiell auf gleichem Boden wie Deutschland.

Glarus. Die Glarner Landgemeinde vom 3. Mai 1874 beschloß Freigabe der ärztlichen Praxis in allen Zweigen, Gerichts- und andere amtliche Funktionen stehen jedoch nur Medizinalpersonen zu, die sich als hinreichend befähigt ausweisen. Nur diese werden zur Gutachtertätigkeit befugt erachtet; Medizinalpersonen mit Zeugnissen wissenschaftlicher Befähigung können diese der Sanitätskommission einreichen, die sie amtlich registriert und die Namen der Ärzte im Amtsblatt publiziert.

Appenzell a. Rh. Nicht so weit geht Appenzell a. Rh., das die ärztliche Praxis freigibt „mit Ausnahme der höheren operativen Chirurgie und der Geburtshilfe“[12]) und im ferneren die gleichen Beschränkungen

---

[10]) Die Kurpfuscherei wird speziell besprochen werden.

[11]) Hier ist speziell zu bemerken, daß ein eidgenössisches Diplom in der Schweiz nur zur Ausübung der Praxis berechtigt, falls vom Kanton das Patent eingeholt wurde.

[12]) Bestimmung vom 3. Mai 1874, zit. n. Kollbrunner, Schollenberger, Verwaltungsrecht I. S. 116/117.

trifft wie Glarus. Hier ist nur die medikamentöse Therapie und die niedere Chirurgie erlaubt, indeß Glarus alles gestattet.

Neuenburg. Neuenburg hat analog dem Deutschen Reiche Titelschutz, d. h. nur der anerkannte, diplomierte Arzt darf sich als solcher gerieren und amtliche Funktionen ausüben.

Deutschland. Deutschland fordert hingegen nur

1. anerkannte Maturität eines Gymnasiums oder der gesetzlich gleich gestellten Bildungsinstitute.
2. reguläres medizinisches Studium während mindestens 9 Semester an einer anerkannten medizinischen (auch ausländ.) Fakultät und mindestens 1 Semesters an der für die Promotion gewählten deutschen Hochschule;
3. die medizinische Fachprüfung.

Ausländische Doktortitel sind nur mit Genehmigung des für die Aufnahme im betreffenden Staate zuständigen Unterrichtsministeriums führbar, wobei solche nicht nur mit den deutschen gleichwertig, sondern auch gleichartig sein sollen.

Der Unterschied zwischen der Approbation nach deutschem und nach schweizerischem Recht beruht auf der Unterscheidung von Anernennung des Titels und Monopol für die amtärztliche und Gutachtertätigkeit und dem Schutz der ärztlichen Tätigkeit überhaupt (Schweiz. Kantone mit Patentsystem).

Freizügigkeit. Der Deutsche, der die Approbation erlangt hat, kann sich ohne weiteres im ganzen Deutschen Reiche niederlassen zur Eröffnung der Praxis, nicht nur in dem Bundesstaat, von welchem er die Approbation erlangt hat.

In der Schweiz sind befugt, den Beruf eines Arztes auf dem gesamten Gebiet der schweizerischen Eidgenossenschaft nach Maßgabe des Gesetzes betr. die Freizügigkeit der Medizinalpersonen vom 19. Dezember 1877 auszuüben.

1. diejenigen Medizinalpersonen, die ein eidgenössisches Diplom erworben haben,
2. die Medizinalpersonen, die ein Diplom nach Maßgabe des Konkordats vom 2. August 1867 vor dem Inkrafttreten des neuen Gesetzes erworben haben oder ein kantonales Patent erwarben, das zur unbedingten Ausübung der Praxis im Ausstellungskantone ermächtigt[13]),
3. diejenigen diplomierten Ärzte anderer Staaten, die im Auslande zur Praxis berechtigt und mit deren Heimatsstaat für die Schweiz ein Vertrag auf Gegenseitigkeit vereinbart ist (ohne prakt. Bedeutung),
4. alle an den schweizerischen Hoch- oder betr. Fachschulen angestellten Dozenten der Medizin.

---

[13]) Kollbrunner, S. 9. Vgl. hier auch v. Salis IV, 1625; v. Salis IV, 1626.

Art. 33 BV. Absatz III bestimmt:

„Auf dem Wege der Bundesgesetzgebung ist dafür zu sorgen, daß derartige Ausweise für die ganze Eidgenossenschaft gültig erworben werden können."

Durch das Freizügigkeitsgesetz ist dieser Zustand geschaffen worden. Damit ist folgendes Verhältnis in Kraft:

Die Kantone können die Ausübung von einem Befähigungsnachweis abhängig machen; wenn sie es tun (alle mit Ausnahme von Glarus, Appenzell a. Rh. und Neuenburg), so müssen sie unbedingt den eidgenössischen Ausweis anerkennen, mit anderen Worten, sie dürfen keine höheren Anforderungen stellen als die eidgenössischen Forderungen für das Staatsexamen, wohl aber können sie für ihren Kanton geringere Anforderungen stellen als der Bund, z. B. Genf[14]), oder gar keine, wie die Freigabe-Kantone. Es ist den Kantonen freigestellt, welche Art und welchen Umfang von Befähigungsnachweisen sie anerkennen wollen, sofern sie nur den eidgenössischen anerkennen.

Eidgen. approbierte Ärzte und kantonal approbierte Ärzte (Medici minoris juris). Nun ist nicht zu bestreiten, daß diese kantonalen Patente, wie Kollbrunner sagt, contra rationem legis sind, und daß dadurch eine Kastentrennung der Ärzte stattfinden kann. Denn eigentlich sollte es dem Bundesstaate als Ganzem nicht gleichgültig sein, ob man in einem souveränen Gliedstaat vom Arzte mehr Kenntnisse verlangt oder weniger. An sich wäre diejenige Regulierung die idealste, die die Befähigungsausweise für das ganze Staatsgebiet einheitlich regelt und keine Veranlassung zu dem Medikasterwesen der Freigabekantone, noch dem anrüchigen[15]) Kantonaldoktorenwesen geben würde, das sich nicht über seine Kantonsgrenzen hinauswagen darf, wie in Genf.

II. Einen solchen Fall, in dem einem Tessiner mit Genfer Doktordiplom die Praxis im Kanton Tessin nicht erlaubt wurde, vgl. man bei Salis II, S 639. Hierbei kommt aber noch die spezielle Regelung im Tessin (vgl. unten) in Betracht.

Nun besteht aber kein gesetzliches Verbot der kantonalen Ausweise noch eine Einschränkung der Kantonalsouveränität, dahingehend, daß überhaupt ein Ausweis gefordert werden müsse, und somit ist eine Änderung ohne Verfassungsänderung unmöglich, da kein Rechtssatz, der nicht im Gesetz selbst enthalten ist, aus den Motiven der Gesetzesentwürfe abgeleitet werden kann.

IV. Andere Staaten.

a) Österreich.

In Österreich darf nur derjenige Arzt werden, der österreichischer Staatsbürger ist und an einer inländischen Universität zum Doktor der Heilkunde promoviert wurde, oder derjenige (auch Ausländer),

---

[14]) Schollenberger, l. c. S. 117; Kollbrunner, l. c. S. 31.

[15]) Man vergleiche z. B. den medizinischen Soldschreiber von Wwe. Ringelmanns Institut Sanitas. „Gesundheitslehrer" Nr. 2, 1912.

der an einer inländischen Universität nostrifiziert wurde, sowie Professoren, die an eine inländische Universität berufen sind[16]).

Bis 1816 wurden überhaupt keine Ausländer, selbst wenn sie im Inlande studierten, zur Praxis zugelassen, seit 1854 nur mit ausdrücklicher Erlaubnis des Ministeriums des Innern.

Die Ausübung der Praxis im deutschen und schweizerischen Grenzgebiet wurde durch spezielle Übereinkommen vom 30. September 1882 bzw. 29. Oktober 1888 geregelt. (Siehe unter Grenzpraxis S. 26[17]).)

b) Italien.

Italien gestattete die Ausübung der Praxis bei den Landsleuten des Betreffenden ohne weiteres, mit dem Vorbehalt der Vorweisung der (ausländischen) Approbation auf Verlangen[18]). Die Verhältnisse in Italien haben sich seither durch Gesetz vom 10. Juli 1910 geändert, so daß die Ausführungen von Schwalbe[19]) als nicht mehr zutreffend zu betrachten sind.

Es ist die Praxis nur noch denjenigen gestattet, die im Besitze der italienischen Approbation sind.

Um zu praktifizieren muß vorgelegt werden auf der Prefektur der Provinz[20]):

1. Certificato di nascita.
2. Certificato di residenza.
3. Certificato penale di data non anteriore di tre mesi alla presentazione all'instanza.
4. Ceritficato di cittadinenza italiana.
5. Diploma profesionale italiana.

(Possono tener luogho del diploma originale la copia autorita-

---

[16]) Conrad, II, S. 18; Hilscher und Winkler, l. c. S. 5.

[17]) Schwalbe, l. c. S. 137.

[18]) Prinzip des Schutzes der nationalen Bevölkerung vor ausländischen Ärzten (ähnlich England).

[19]) l. c. S. 91.

[20]) Übersetzung:
1. Geburtsschein.
2. Heimatschein.
3. Leumundszeugnis, das bei der Vorweisung bei der Behörde nicht mehr als drei Monate zurückdatiert sein darf.
4. Zeugnis der italienischen Bürgerschaft (Staatszugehörigkeit).
5. Italienisches Professionsdiplom.
Es können auch Kopien der Originale vorgewiesen werden, die aber vom Staatsnotar beglaubigt sein müssen.
6. Die Fremden, welche in die Liste eingetragen sein wollen, müssen an Hand von beglaubigten Dokumenten beweisen, daß sie mit den Konditionen, vorgesehen im Art. 2, und mit dem Gesetz vom 10. Juli 1910 übereinstimmen.
Die im Ausland diplomierten Chirurgen und chirurgischen Mediziner, welche beabsichtigen, der Beruf bei Fremden zu den Konditionen des letzten Paragraphs von Art. 53 vom J. U. 1. August 1907 fortzuführen, müssen dem Gesuch um Aufnahme in die Liste ein legalisiertes Zeugnis beilegen, welches bestätigt, daß deren Einschreibung den Vorschriften, die Ausübung des Berufes betreffend, des RM. ovm 10. Juli 1907 entspricht.

tiva. del R. Notario avvevo il certificato della Segretaria Universitarii italiana.

6. Gli stranieri che chiedono l'inscrizione nell' albo sono tenuti a dimostrare con documenti autentici che si trovano nella conditioni prevista degli art. 2 e il della Legge 10 Luglio 1910.

I medici, chirurgi, diplomati all' estero i quali intendeno continuare nell esercizio della professione presso gli stratieri ai termini del ultimo comme dell' Art. 53 del J. U. 1 agosto 1907 debbono unire alla domanda d'inscrizione nell' albo il certificato dell agente dell' imposto, che attesti che la loro suscrizione sei ruoli dei contribuenti sei uddite della R. M. derivanti dall' esercizio ruoli dei contribuenti sei uddite della R. M. derivanti dall' esercizio professionale, usale a data anteriore al 10 Luglio 1907[21]).

Dieses neue italienische Gesetz wird nun wegen seiner Schärfe vielfach angefochten[22]) und als gegen die „fremden Ärzte gerichtet" betrachtet, ein Vorwurf, den sowohl unser Gewährsmann, als auch andere Ärzte energisch zurückweisen[23]); denn auch dieses Gesetz ist im Vergleich zu denen anderer Staaten noch als sehr entgegenkommend zu bezeichnen, setzt es doch die fremden Ärzte nicht ohne weiteres vor die Türe, falls sie sich während ihres Aufenthaltes nicht als Drückeberger und Steuerdefraudanten gerieren, sondern für die letzten drei Jahre Steuerquittungen vorweisen können. Das Gesetz deswegen als „fiskalisch" zu schimpfen, ist durchaus unangebracht, ist doch diese Fassung für den, der es mit seinen Pflichten genau genommen, durchaus nicht unbequem, und daß der Staat Italien die Steuerdefraudanten und -hinterzieher damit empfindlich straft, ist nur gerecht. Muß doch überhaupt nur die Steuerquittung, d. h. der Ausweis, daß man überhaupt etwas bezahlt habe, erbracht werden, und nicht der Nachweis, daß man richtig versteuert habe[24]).

c) Frankreich.

In Frankreich[25]) ist die Ausübung der Praxis unbedingt von der Erlangung der französischen Approbation abhängig (Gesetz betr.

---

[21]) Dieser Text wurde mir durch freundliche Überlassung durch einen deutschen Arzt, Herrn Dr. Dörr, zuteil. Vgl. hierzu auch „Römische Briefe", Die Frage der ausländischen Ärzte in Italien. M. M. W. 1910, S. 99.

[22]) Vossische Ztg, Nr. 338 vom 12. Juli 1911. Der Versuch eines Arztes (M. M. W. 1912, S. 455), die Notwendigkeit des Entgegenkommens „gegenüber seinen besten Kunden" den Deutschen zu motivieren, muß als solange mißlungen betrachtet werden, als nicht Deutschland Gegenrecht hält. Deutschland hat weder einen Anspruch auf Anerkennung noch auf Duldung seiner Ärzte in Italien vor andern Ländern voraus.

[23]) Ortenau, M. M. W. 1910, S. 1597; Galli, M. M. W. 1912, S. 340.

[24]) Es ist noch zu sagen, daß voraussichtlich die Zulassung in Italien noch verschärft werden wird und daß man gut tut, in diesem momentanen Übergangsstadium sich genau zu erkundigen, ehe man nach Italien zur Praxis reist.

Wir wollen darum an dieser Stelle keine Vorschriften aufnehmen, auf die Gefahr hin, daß sie nach der Drucklegung schon nicht mehr wahr seien.

[25]) Conrad, II, S. 19. Schwalbe, l. c. S. 74 ff.

Ausübung der ärztlichen Praxis vom 30. November 1897). Der französische Doktortitel ist identisch mit dem durch die Approbation erworbenen Titel Arzt in der Schweiz und Deutschland. Ausländer müssen im Besitze des französischen Abiturientenzeugnisses sein (Diplome de bachelier), um nach Abschluß des Studiums ein Diplom zu erhalten, das sie zur Praxis in Frankreich berechtigt (Diplome d'Etat de docteur en médecine). Ausländern, die im Besitze des ausländischen Diploms sind, können höchstens drei Prüfungen erlassen werden, die übrigen sind in gleicher Weise, wie von den Inländern zu bestehen.

Bedingung ist also für das Medizinstudium in Frankreich mit Aussicht auf Ausübung der Praxis:

Naturalisierung (nicht de lege, aber de facto!).

1. Erwerb des Baccalaureats.
2. Ablegung der Prüfungen oder Besitz des ausländischen Diploms nebst allen Prüfungen des Inländers (höchstens Dispens von dreien davon) (Ministerialerlaß vom 29. Dezember 1906).

Diese Bestimmungen kommen dem Ausschluß des nicht Naturalisierten, des Ausländers, überhaupt gleich.

V. Eidgenossenschaft, Tessin und Italien.

In der Schweiz steht es den Kantonen auf Grund des Art. 33 der Verfassung frei, auch auswärtige Diplome anzuerkennen; der Bund als solcher hatte blos seinerzeit eine Zulässigkeitserklärung für italienische Diplome statuiert. (Prüfungsordnung vom 2. Juli 1880, Art. 71)[26]).

„*Ausnahmsweise kann bis auf weitere Reglung schweizerischen Ärzten, Apothekern und Tierärzten italienischer Zunge, welche an einer der vom Bundesrat auf das Gutachten des leitenden Ausschusses zu bezeichnenden italienischen Lehranstalt*[27]) *das Diplom zur unbedingten Ausübung der Praxis im ganzen Gebiet von Italien erworben haben, auf Grundlage dieses Diploms die sub lit. d des Art. 33 gegenwärtigen Reglements erwähnte Urkunde ausgestellt werden.*“

Die Verhältnisse im Tessin forderten damals dringend eine solche Regelung, denn noch kann ja dem Tessiner kein Unterricht in seiner Muttersprache im Mutterlande erteilt werden, und er ist darauf angewiesen, diese entweder preiszugeben, oder aber in Italien seine Studien abzuschließen. Formell ist es natürlich ein Übelstand und durch das Gesetz bzw. die Verfassung nicht gedeckt, daß der Bund auf Grund eines solchen italienischen Diploms die schweizerische Approbation erteilte, sondern es liegt eigentlich unseres Erachtens gar keine Notwendigkeit vor, sich mit diesem Diplom zu befassen, da es ja im freien Ermessen jedes souveränen Kantons steht, zu bestimmen, was für Aus-

---

[26]) Art. 88 der Verordnung vom 11. Dezember 1899.
[27]) Universitäten Turin, Pavia, Padua, Pisa, Bologna, Rom.

weise er anerkennen will. Und wenn auch der Bundesrat in seiner Botschaft vom 21. Mai 1880 bemerkt, daß sich die tessinische Behörde von jeher mit den italienischen Diplomen zufrieden erklärt hat, so liegt doch kein Grund vor, diesen Ärzten, die ja sich nur für das italienische Sprachgebiet vorbereitet haben, ein Diplom fremden Staates anzuerkennen, da für dieselben nur ein Kanton in Frage kommt, der diese Diplome von sich aus anerkennt. Damit hätte man es füglich bewenden lassen können. Es erscheint nicht notwendig, italienische Ärzte in der Schweiz freizügig praktizieren zu lassen, solange die Schweiz ihren eigenen Bedarf an Ärzten decken kann.

Am 6. November 1900 änderte der Große Rat im Tessin den Art. 37 Codice sanitario dahin ab, daß zur Ausübung des Berufes als Arzt ein eidgenössisches Diplom (d. h. nur dieses) erforderlich sei und damit ausländische Diplome hinfällig seien. Der Bundesrat hob auf Grund dessen den Art. 88 des Prüfungsreglements auf.

Eine erneute Agitation und dadurch erfolgte Revision des Art. 37 Codice sanit. begnügte sich mit einem milderen Status:

Es werden zugelassen:

1. Alle Besitzer eines eidgenössischen Diploms.
2. Die Angehörigen des Kantons Tessin, die im Besitze eines Abiturientenzeugnisses und eines Universitätsdiploms sind, das ihnen das Recht zur Praxis im betreffenden Staate verleiht.
3. In speziellen Fällen können Fremde, welche im Besitze eines fremden Abiturientenzeugnisses und eines Universitätsdiploms sind, auch zur Praxis zugelassen werden.

Der Kanton Tessin hat also von seinem Anerkennungsrecht den weitgehendsten Gebrauch gemacht, indem er nicht nur italienische Diplome, sondern nun auch beliebige andere, z. B. englische, amerikanische anerkennen kann; ein Status, der unter den tessinischen Ärzten eine nicht geringe Erbitterung hervorrief[28]).

VI. Reziprozitätsverträge.

Reziprozitätsverträge bestehen zurzeit für die Schweiz noch keine[29]), auch mit Italien war wegen der Anerkennung von Tessinern erworbener italienischer Diplome keine Notwendigkeit vorhanden, einen solchen Vertrag abzuschließen, denn der Interimsstatus hatte ratione legis keinen andern Zweck, als den der Ermöglichung italienischen Studiums für die nationalen Italienischsprechenden. Immerhin war es einem italienischen Arzte auf diese Weise möglich, sich durch Erwerb des Schweizer Bürgerrechts ohne neues Examen als Arzt aufzutun.

---

[28]) Correspondenzblatt f. Schweizer Ärzte 1909, S. 613.

[29]) Vgl. B. Bl. 1881, II, 92; 1883, II, 37; 1884, II, 13; 1887, I, 513; 1889, I, 474; 1890, I, 549 und II, 385. — v. Salis, IV, 1642; v. Salis, IV, 1629.

Dagegen ließ es sich England angelegen sein, einen solchen Reziprozitätsvertrag, natürlich in seinem Interesse und in dem der englischen Ärzte in den schweizerischen Kurorten, zustande zu bringen, ohne damit einen Erfolg zu haben[30]). Es wurde selbst den Engländern die Vergünstigung untersagt, die Examina in der Schweiz in englischer Sprache abzulegen, mangels Gegenrecht[31]). Und mit Recht. Ein schweizerisches und ein englisches Arzttum sind so grundverschiedene Dinge[32]) und insbesondere ist es England, das auf einem für die Anerkennung unsererseits direkt unmöglichen Boden steht. Die Ausübung der Heilkunde ist frei. Für graduierte Ärzte besteht nach Eintragung Titelschutz, gewisse Funktionen sind diesen Ärzten vorbehalten. Die medizinischen Körperschaften stellen Diplome aus, die aber je nach der Körperschaft im Wert verschieden sind. Reziprozitätsverträge sind seitens England bisher nur mit Italien und Japan abgeschlossen worden und auf Grund deren kann also auch ein Italiener oder Japaner in England praktizieren, ein Fall, der eben so deutlich zeigt, wie der nachgesuchte Vertrag mit der Schweiz, wo der Schwerpunkt der Vergünstigung liegt[33]).

Im übrigen gestattet England den Assistenten der der Behandlung von Ausländern dienenden Hospitäler die Ausübung der Praxis, da sich dieselbe ja nicht „gegen" Staatsangehörige richtet[34]). Wie schon früher bemerkt, hat der Staat im allgemeinen nur ein Interesse am Gedeihen seiner Angehörigen, nicht aber auch von vornherein der Niedergelassenen, und so ist es aus dieser Erwägung heraus leicht begreiflich, wenn er die Behandlung gerade dieser Elemente ihren nationalen Ärzten überläßt und sich nicht oder nur wenig um sie kümmert (bei Italien auch begreiflich wegen der staatlich besoldeten Ärzte, medici condotti). Daß natürlich diese Momente nur eine beschränkte Bedeutung haben, wird man begreifen, wenn man daran denkt, welches Interesse der Staat unter Umständen gerade an allen Staatseinwohnern, Nationalen und Niedergelassenen und Aufenthaltern hat, wenn es sich um eine Epidemie handelt, da eine solche nicht vor den Fremden Halt zu machen pflegt. So hatte beispielsweise die unter den Arabern in Tripolis wütende Cholera für die Italiener solange keine Bedeutung, als nicht ihr eigenes Heer davon verseucht wurde. (November und Dezember 1911).

[30]) Medical act von 1858. Vgl. auch Conrad, II, S. 19.

[31]) Sofern man die Verträge auf Zulassung zur Grenzpraxis außer Betracht läßt. Vgl. hier auch Paravicini, Japanbrief. Corr.-Bl. 1907, S. 843.

[32]) Der englische Arzt wird bloß theoretisch ausgebildet und kommt nachher zu einem andern Arzt, wo er die praktischen Studien absolviert.

[33]) Schwalbe, l. c. S. 54 ff.

[34]) Schutz der Staatsangehörigen vor ausländischen Ärzten; siehe auch Italien.

VII. Zusammenstellung der Zulassungsnormen der europäischen und außereuropäischen Staaten.

Die Regelung, die sich die verschiedenen ausländischen Staatswesen betreffend die Praxis erwählt haben, geht von der absoluten Freiheit bis zum Ausschluß aller nicht nationalen Elemente. Die Großzahl begnügt sich aber mit einem Schlußexamen auf Grund eines vollgültigen Diploms einer fremden Universität. (Vgl. Tabelle I.)

Tabelle I.

Anforderungen an den Arzt, der im Lande die Praxis ausüben will.

I. Keine Ausweise werden gefordert in:	Abessinien, Alaska (Australien[35]), Bermuda, Britisch Indien, Ceylon, Britisch Neu-Guinea, China, Falkland-Inseln, Freundschaftsinseln, Kolumbien, Korea, Labrador, Liberia, Persien, Samos, Siam, Süd-Nigeria, West-Indien, Zansibar.
II. Den Nachweis eines zur Ausübung der Praxis im Heimatlande berechtigenden Diploms fordern:	Ägypten, Bahamainseln, Barbardos, Bolivia, Griechenland, Hongkong, Marokko, Missouri, Montenegro, Neu-Südwales, New Hampshire, Neu-Mexico, Seychellen, Spanien[36]), Tasmanien, Tunis, Wisconsin.
III. Die Ablegung eines Schlußexamens, zu welchem meist nur auf Grund eines vollgültigen, ev. von einer staatlich anerkannten Universität stammenden Diploms zugelassen wird, fordern:	Alabama, Arizona, Arkansas, Brasilien, Britisch Guinea, Britisch Honduras, Brit. Nord-Borneo, Britisch Südafrika, Chile, Chios, Colorado, Connecticut, Porto Rico, Cypern, Delagoa-Bay, Delaware, Columbia, Ecuador, England, Fidschiinseln, Finnland, Florida, Georgia, Gibraltar, Goldküste, Guatemala, Haiti, Hawai, Honduras, Idaho, Illinois, Indiana, Italien[37]), Jamaica, Japan, Jersey, Iowa, Kalifornien, Kanada, Kansas, Kapland, Kentucky, Klondyke, Cuba, Luisiana, Maine, Malayenstaaten, Malta, Maryland, Massachusetts, Mauritus, Mexico, Michigan, Minnesota, Mississippi. Monaco, Montana, Natal, Nebraska, Neuseeland, Newada, New Jersey, New York, Nicaragua, Niederlande, Niederl. Indien, Nord-Dakota, Nord-Carolina, Norwegen, Ohio, Oklahoma, Oregon, (Palästina)[38]), Panama, Paraguay, Peru, Philippinen, Porto Rico, Prinz Eduards-Inseln, Queensland, Rhodesia, Rhode, Island, Salvador, San Domingo, Schweden, Schweiz, Sierra Leone, (Smyrna)[38]), Spanien, St. Helena, Straits Settlements, Süd-Dakota Süd-Carolina, Sumatra, Tenssee, Texas, Türkei, Uruguay, Utah, Vermont, Victoria Virginia, Virgin. Islands, Washington, West-Virginia, Wyoming.

[35]) Australien im „Osten und Süden". Schwalbe, S. 9.

[36]) Spanien kennt zwei Arten der Zulassung.

[37]) Italien rangiert neuerdings auch unter IV.

[38]) Von Schwalbe ohne Berechtigung zur Türkei gehörend in der Tabelle aufgenommen.

IV. Gleiche Prüfungen wie Inländer, event. Erlaß einiger Vorprüfungen in:	Argentinien, Belgien, Dänemark, Frankreich, Rußland, Venezuela, Italien seit 1910.
V. Reguläre Studien im Inland und Ablegung sämtlicher Prüfungen in:	Pennsylvanien, Portugal.
VI. Dasselbe sowie sämtliche im Inland geforderten Vorbedingungen (Maturität usw.):	Deutschland.
VII. Ausschluß der Ausländer von der ärztlichen Praxis:	Bulgarien, Luxemburg, Österreich, Serbien, Ungarn.

NB. Die europäischen Staaten sind gesperrt gedruckt.

Der Umstand, daß Spanien zweimal in der Tabelle figuriert, ist auf die beiden verschiedenen Möglichkeiten der beschränkten und der vollen Praktizierfreiheit zurückzuführen. (Schwalbe, l. c. S. 175.)

Charakteristisch ist die Steigerung der Anforderungen in den europäischen Staaten und spezifisch eigentümlich die Stellung der Balkanländer, von denen einige, Bulgarien und Serbien, recte auch Österreich-Ungarn, den nationalen Abschluß kennen und sich somit am weitgehendsten abschließen.

Diese Tabelle stützt sich mit Richtigkeitsvorbehalt auf die Angaben von Schwalbe, Bestimmungen über die Zulassung zur ärztlichen Praxis im Auslande. II. Aufl. Leipzig 1908[39]).

VIII. Die schweizerischen Kantone.

Die von den schweizerischen Kantonen ausgeübte Praxis entspricht der durch die in Art. 33 B. V. zugestandenen Souveränität und ist mit zwar allgemeiner Anerkennung des eidgenössischen Ausweises keineswegs uniform.

Der eidgenössische Ausweis wird von allen anerkannt, und genügt somit seinem Zweck. Die in Art. 33 Abs. II zugestandene Selbstherrlichkeit im Anerkennen von Diplomen, die übrigens nicht bestritten wird, weder von Schollenberger, noch von Schmid und Kollbrunner, hat sich aber in ziemlich bescheidenen Schranken bewegt. Auch die bundesrätliche Botschaft von 1888 äußert sich dahin, daß gegenwärtig noch jedem Kanton das Recht zukommt, Aus- oder Inländer mit oder ohne Diplom oder Papiere überhaupt, zur Praxis zuzulassen, daß aber auch kein Kanton einen Ausländer zurückweisen dürfe, der das eidgenössische Diplom besitzt. Wenn es einem Kanton gefällt, so kann er auch auf Grund eines ausländischen

[39]) Diese Angaben sind nicht überall absolut zuverlässig, eine neue sorgfältig revidierte Auflage ist für die Brauchbarkeit des Schwalbe eine dringende Notwendigkeit.

Diploms für sein Gebiet zur Praxis zulassen. „Selbstverständlich kann aber ein Kanton gewissermaßen“, sagt Kollbrunner, „seine Souveränität diesbezüglich dem Bunde übertragen, und tatsächlich ist auch eine solche Souveränitätsübertragung schon vorgekommen (von seiten St. Gallens, Baselstadts und Graubündens) dadurch, daß gesetzlich nur das eidgenössische Diplom und nur dieses anerkannt und Petenten an den leitenden Prüfungsausschuß verwiesen werden. Dieser Umstand ist aber nach unserer Ansicht noch keine Delegation der Rechte der Kantone an den Bund, sondern bloß ein bestimmter Status quo, wonach nur der für die ganze Schweiz vom Bunde geschaffene Ausweis, und nur dieser als genügend erachtet wird. Auch der Umstand, daß Kantone Gesuche an den leitenden Ausschuß senden, stellt an sich noch keine Delegation dar, obwohl diese Praxis vom Bundesrat als sehr erwünschbar bezeichnet wird[40]). Sie stellt lediglich, wie aus dem ganzen Modus procedendi hervorgeht, nur ein Gutachten von einer in der Frage kompetenteren Stelle, als es eine kantonale Sanitätsdirektion unter Umständen sein kann, dar. Auf dieses Gutachten hin entscheidet dann erst das kantonale kompetente Organ über die Zulassung[41]).

Von den Kantonen haben alle mit Ausnahme der obengenannten und Tessin und Graubünden[42]) von ihrer Kompetenz in der Art Gebrauch gemacht, daß sie einfach nur die eidgenössischen Diplome anerkennen, währenddem Tessin durch seinen genannten Art. 37 Codice sanitario die eben erwähnten Freiheiten erlaubt.

Graubünden. Die graubündnerische Sanitätsordnung gibt in Art. 19 lit. c. dem Kleinen Rat das Recht, während der Fremdensaison ausländischen Ärzten auf Grund eines von diesen vorzuweisenden Diploms, Patente und anderer Ausweisschriften „während der Fremdensaison vorübergehende Fremdenpraxis zu gestatten. Sollten Ärzte aber über diese Zeit hinaus praktizieren, so ist der Kleine Rat verpflichtet, sie nachdrücklich zur Erlangung des eidgenössischen Diploms anzuhalten.“

Hierzu ist erstens zu bemerken, daß die Fremdensaison in Graubünden das ganze Jahr dauert; somit könnte sich leicht ein dauernder Zustand ergeben.

Die bündnerische Kurpraxis ist eine so einträgliche, daß es bedauerlich ist, wenn man es unterläßt, das damit erworbene Kapital dem nationalen Reichtum zuzuführen und der Besteuerung zugänglich zu machen, indes der einheimische Arzt als Landarzt in mühevollster Arbeit auf stundenweit entlegenen Dörfern und Weilern einer relativ wenig erträglichen Praxis nachgehen muß. Daß diese einen solchen Zustand als eine Ungerechtigkeit empfinden mußten und sich dagegen wehrten, ist sehr leicht begreiflich.

Im fernern glauben wir nicht, daß, wie Kollbrunner bemerkt, diese Kurärzte einen Schweif goldschwangerer Landsleute mit sich

---

40) B. Bl. 1880, III, S. 874.

41) Kollbrunner, l. c. S. 26 ff.

42) Die Freigebungskantone fallen hier außer Betracht.

führen, sondern eher umgekehrt. Die Fremden würden auch dann in gleicher Zahl kommen, wenn auch „nur" schweizerische Ärzte sie behandeln würden. Daß die Schweiz auch Leute im Ärzteberuf ausbildet, die den Anforderungen von Davos, Arosa, Pontresina und St. Moritz gewachsen sind, ist keine Frage, und vielleicht würden die Remunerationen unserer nationalen Ärzte auch nicht derartig hohe sein, wie die dieser Ärzte mit ihrer Praxis aurea.

Der bündnerische Ärzteverein hat denn auch schon verschiedene Male versucht, bei der Regierung eine Änderung zugunsten der einheimischen Ärzte zu veranlassen. Eine Petition[43]) an den Großen Rat veranlaßte diesen zu einer Abänderungsvorlage, die vom Volke aber verworfen wurde; sie hätte aber auch nur wenig an den Verhältnissen geändert[44]). So besteht denn die, nach unserem Ermessen sehr große Ungerechtigkeit fort.

Neuerdings (1910) faßte der Ärzteverein in Samaden eine abermalige Resolution, gegen die Praxis der Bündner Regierung gegenüber ausländischen Ärzten zu protestieren und die Abschaffung des § 19 der Sanitätsordnung zu verlangen.

Daß sich diese ausländischen Ärzte auch standesunwürdiger Übergriffe durch Reklame und Patientenfang als den nationalen Ärzteinteressen schädlich erweisen, zeigt auch der Fall III des Professors D. in Davos, der eine „Causerie" über Tuberkulose annoncierte, um Patienten für sein Sanatorium zu fangen[45]).

Der Davoser Ärzteverein hat seinen Standpunkt seither geändert und folgenden Vorschlag gemacht:

„In geschlossenen Sanatorien nationalen Charakters, die Un- und Minderbemittelten zugänglich sind (Deutsche Heilstätte, holländische und englische Sanatorien), sollen nationale Ärzte ohne schweizerisches Patent praktizieren dürfen, aber nur im Sanatorium. Die kantonale Ärztegesellschaft unterstützt diese Petition (Sitzung vom Oktober 1911)[46])."

Eine derartige Ordnung hat den Zweck, ausländische Ärzte an der Niederlassung und Praxis ohne Patent und außerhalb der Sanatorien zu verhindern und hat an sich viel Analoges mit dem Procedere Italiens und Englands: Praxis bei den Nationalen und nur bei diesen ohne Patent gestattet. England speziell kennt diese Davoserfassung (Deutsches Hospital in London), und scheint letztere dorther adoptiert (vgl. Abschnitt Italien und Reziprozitätsverträge).

Wir sind der Ansicht, daß, wenn der Kanton Graubünden sich nicht an die Seite der Mehrzahl der Kantone zu stellen vermag, er doch wenigstens diese Davoser Fassung annehmen könnte; denn es ist ein Verschulden an den nationalen Ärzten, wenn der Kantonsfremde Rechte

---

[43]) Kollbrunner, l. c. S. 28, Anm.

[44]) Vom 15. Mai 1900, um den Status der Mehrheit der Kantone: Patent auf Grund eidgenössischen Diploms, zu erreichen.

[45]) Corr.-Bl. 1906, S. 62.

[46]) Frdl. Mitteilung eines Graub. Arztes.

genießen kann, die reziprok nicht bestehen. Der Vertragsgrundsatz der Gegenseitigkeit ist hier zum Schaden der Staatsbürger nicht gewahrt.

Man darf wohl annehmen, daß ein Staat die Hüter der Volksgesundheit würdigen und als Kulturfaktor zu behandeln wisse und sie nicht „Hotelierinteressen" aufopfere.

IX. Staaten mit Freigabe.

(Titelschutz und Kurierverbot.)

Neben den Staaten mit unbedingter Freigebung, die eine ärztliche Praxis überhaupt an keine Bedingung knüpfen, wie die in der Tabelle sub I genannten, kennen wir eine Anzahl Staaten mit bedingter Freigabe (Appenzell a. Rh.), Bedingungen für gewisse Zweige der Heilkunde oder Bedingungen für Führung eines Titels (Deutschland, Neuenburg) oder für die Zulassung zu amtlichen Funktionen (Appenzell a. Rh., Glarus, Deutschland).

Daß alle Freigebungsstaaten natürlicherweise ein weit entwickeltes, weit über die Territorialgrenzen in nachbarliches Gebiet hineinreichendes Medikaster- und Kurpfuschertum entwickeln, das einem gedeihlichen Wirken der Medizin einen großen Widerstand leistet, Abbruch tut und die umliegenden Ärztekreise auch bedeutend schädigt, muß kaum erwähnt werden. Deutschland ist zurzeit trotz Titelschutz die Hochburg der „wilden Medizin". Die Freigabe der Medizin involviert tatsächlich eine Rückständigkeit in der modernen Gesundheitspflege sie ist auch dem Internationalismus in der Kranken- und Epidemiegesetzgebung gegenüber eine Rückständigkeit, die sich unter Umständen schwer rächen kann.

Der Titelschutz, den Neuenburg und Deutschland kennen, ist zwar imstande, die wilde Medizin durch Titelunterschied kenntlich zu machen, nicht aber sie zu verbannen.

Über die den Schutz des Titels betreffenden Maßnahmen in Deutschland gilt die Gewerbeordnung — denn der ärztliche Beruf ist nach deutschem Recht ein Gewerbe und untersteht der Gewerbeordnung —, die sowohl die Grundsätze für die Approbation, als auch die Strafen bei widerrechtlicher Führung des ärztlichen oder eines arztähnlichen Titels feststellt.

GO. § 147. Mit Geldstrafe bis zu dreihundert Mark und im Unvermögensfalle mit Haft wird bestraft:

3. wer, ohne hierzu approbiert zu sein, sich als Arzt (Wundarzt, Augenarzt, Geburtshelfer, Zahnarzt, Tierarzt) bezeichnet oder sich einen ähnlichen Titel beilegt, durch den der Glauben erweckt wird, der Inhaber desselben sei eine geprüfte Medizinalperson.

Wir verzichten darauf, die durch die Gerichtspraxis als „arztähnlich" deklarierten Titel zu reproduzieren und verweisen zum

Nachschlagen auf Landau, l. c. S. 100, Peiper, l. c. S. 4, Neumann, l. c. S. 69, Kollbrunner, l. c. S. 43.

Wir reproduzieren der Übersicht halber die etwas eigentümliche Praxis der Approbation in der Schweiz in Form einer vergleichenden Tabelle:

Tabelle II.

Status der Zulassung zum Ärzteberuf in der Schweiz.

Kantone	Status
Glarus, Appenzell a. Rh.	Freigabe der Heilkunde, Gutachtertätigkeit und amtliche Funktionen nur von approbierten Medizinalpersonen und Ärzten ausübbar.
Neuenburg.	Freigabe neben Schutz des ärztlichen Titels (Deutsches System).
Genf.	Kantonaler Ausweis neben dem eidgenössischen Diplom (2 Klassen Ärzte).
Tessin.	Anerkennung aus- und inländischer Ausweise je nach Gutfinden der Sanitätsbehörde.
Graubünden.	Zulassung ausländischer Ärzte für Saisonpraxis, daneben eidgenössischen Ausweis.
Übrige Kantone.	Anerkennung nur des eidgenössischen Ausweises mit oder ohne Patentpflicht (Anmeldung, Erlegung einer Taxe usw.).

X. Grenzverträge und Grenzpraxis.

Im Interesse der allgemeinen Bestrebungen für internationalen Gesundheitsschutz muß außer den internationalen Verträgen zur Bekämpfung der Weltseuchen (spez. Cholera und Pest) auch das Institut der Zulassungsverträge für die medizinische Grenzpraxis Erwähnung finden.

Aus rein humanitären und praktischen Erwägungen heraus soll es den an der Grenze wohnenden Medizinalpersonen (Ärzte, Wundärzte, Hebammen und Tierärzte) nicht verwehrt sein, ihre Praxis auch auf das benachbarte Gebiet auszudehnen unter Vorbehalt bestimmter Einschränkungen. Diese Einrichtung hat den unverkennbaren Vorteil, daß die für ärztliche Praxis die strenge Abgrenzung, welche sich von Staat zu Staat sonst geltend macht, im Interesse der im Grenzgebiet domizilierten Bevölkerung verwischt.

Solche Grenzverträge[47]) sind zurzeit von den meisten Kulturstaaten untereinander, auf dem Reziprozitätsverhältnis beruhend, abgeschlossen worden.

Für Deutschland kommen folgende Konventionen in Betracht (vgl. auch Stengel, l. c. S. 89; Conrad II, l. c. S. 16):

[47]) v. Liszt, Völkerrecht, S. 269 ff. Schollenberger, Kommentar, l. c. S. 175. Schollenberger, Schweiz seit 1874, l. c. S. 382.

mit Belgien vom 7. Februar 1873,
mit den Niederlanden vom 11. Dezember 1873,
mit Österreich-Ungarn vom 30. September 1882,
mit Luxemburg vom 4. Juni 1883,
mit der Schweiz vom 29. Februar 1884.

(Eine Konvention mit Frankreich scheint nicht zu bestehen, ebensowenig mit Rußland und Dänemark.)

Für die Schweiz:

B. G. VII. 446 mit Deutschland vom 29. Februar 1884.
IX. 220 mit Österreich-Ungarn vom 29. Oktober 1883.
IX. 226 mit Frst. Liechtenstein vom 1. Juli 1885.
X. 724 mit Italien vom 28. Juni 1888.
XI. 180 mit Frankreich vom 29. Mai 1889.

Diese Konventionen sind fast sämtliche gleichlautend, und werden wir daher nur zwei davon als charakteristisch abdrucken: nämlich die Verträge Deutschland-Belgien, sowie Schweiz-Italien.

Deutsch-belgische Medizinalkonvention vom 7. Februar 1873.

Art. 1. Die deutschen Ärzte, Wundärzte, Tierärzte und Hebammen, welche in den an Belgien grenzenden deutschen Gemeinden wohnhaft sind, sollen das Recht haben, ihre Berufstätigkeit in den belgischen Grenzgemeinden in gleichem Maße, wie ihnen das in der Heimat gestattet ist, auszuüben, vorbehaltlich der in Art. 2 enthaltenen Beschränkung, und umgekehrt sollen unter gleichen Bedingungen die belgischen Ärzte, Wundärzte, Tierärzte und Hebammen, welche in den an Deutschland grenzenden, belgischen Gemeinden wohnen, zur Ausübung ihrer Berufstätigkeit in den deutschen Grenzgemeinden befugt sein.

Art. 2. Die vorstehend bezeichneten Personen sollen bei der Ausübung ihres Berufes in dem andern Staate zur Selbstverabreichung von Arzneimitteln an die Kranken, abgesehen im Falle drohender Lebensgefahr, nicht befugt sein.

Art. 3. Die Personen, die in Gemäßheit von Art. 1 in den Nachbargemeinden des Nachbarstaates ihre ärztliche Tätigkeit ausüben, sollen nicht befugt sein, sich dort dauernd niederzulassen, oder ein Domizil zu begründen, es sei denn, daß sie die in diesem Staate für die Ausübung ihres Berufes geltenden gesetzlichen Erfordernisse erfüllen und sich nochmaliger Prüfung unterziehen.

Für Österreich, Luxemburg und die Schweiz ist ein Art. 4 in die Konvention eingefügt, B. G. VII. S. 446:

Es gilt als selbstverständlich, daß die Ärzte, Wundärzte, Hebammen und Tierärzte eines dieser beiden Länder, wenn sie von der ihnen in Art. 1 der Übereinkunft zugestandenen Befugnis Gebrauch machen wollen, sich bei Ausübung ihres Berufes in der Nähe der Grenze belegenen Orten des andern Landes den dort in dieser Beziehung geltenden Gesetzen zu unterwerfen haben.

Übereinkunft zwischen der Schweiz und Italien über die gegenseitige Zulassung der an der Grenze wohnenden Medizinalpersonen zur Berufsausübung vom 28. Juni 1888.
B. G. X. S. 724.

§ 1. Die an der italienisch-schweizerischen Grenze wohnenden Schweizer Ärzte, Chirurgen, Tierärzte und Hebammen haben das Recht, ihren Beruf in den der Grenze naheliegenden italienischen Ortschaften auszuüben, im gleichen Umfange wie in der Schweiz mit dem Vorbehalt der Einschränkung in § 2; hinwieder sind die nahe an der italienisch-schweizerischen Grenze wohnenden italienischen Ärzte usw. berechtigt, ihren Beruf in den der Grenze naheliegenden schweizerischen Ortschaften auszuüben.

§ 2. Die oben genannten Personen haben bei der Berufsausübung ....usw. (wie bei der deutsch-belgischen Konvention: Selbstdispensationsverbot).

§ 3. Die Personen, die kraft § 1 ihren Beruf in den der Grenze naheliegenden Orten des Nachbarlandes ausüben, haben nicht das Recht, sich dort dauernd niederzulassen oder spezielle Übereinkünfte für den Sanitätsdienst mit den Gemeinden des Nachbarlandes zu schließen, noch dort ihre Wohnung aufzuschlagen, falls sie sich nicht den Gesetzen jenes Landes unterwerfen und ein neues Examen ablegen.

§ 4. Wie bei der vorgenannten Konvention, mit der Klausel, die Diplome ihrer Approbationsstaaten auf Verlangen vorzuweisen.

§ 5. Die in Frage stehenden Personen dürfen die Grenze zu jeder Tages- und Nachtzeit zu Fuß, zu Pferd oder zu Wagen passieren, selbst auf Wegen abseits der Zollstraßen, wofern sie keine zollpflichtigen Sachen bei sich haben.

In der Vereinbarung der Schweiz mit Frankreich sind sämtliche in Frage kommenden Ortschaften nominativ genannt und so ist eine feste Zone für die Grenzpraxis geschaffen, während im allgemeinen eine Formel, wie „in den .... Grenzgemeinden“[48], „in der Grenze naheliegenden Ortschaften“[49], „welche in der Nähe der Grenze wohnhaft sind“[50], als ausreichend erachtet wird[51].

Daraus ergibt sich eine Art von beschränkter Approbation, die unter bestimmten Kautelen ein Recht auf Praxis gibt. Der Erwerb dieses Rechtes geschieht durch Niederlassung in einem der Grenze benachbarten Orte und durch Zulassung der Praxis im Domizil.

Die durch die Konventionen auferlegten Beschränkungen sind verschiedener Art:

1. Domizil in der Nähe der Grenze[52].

---

[48]) Deutschland mit Belgien.
[49]) Schweiz mit Italien.
[50]) Deutschland mit Österreich.
[51]) In Praxis 5 km = 1 Wegstunde.
[52]) Einem Arzt in Straßburg wurde die Konsultativpraxis in Basel untersagt. Vgl. Salis IV, 1643.

2. Verbot der Selbstdispensation, außer in dringenden Fällen (Schutz der einheimischen Pharmakopöe und Apothekerinteressen).
3. Verbot der Niederlassung im Gebiet des Nachbarstaates ohne Erfüllung der in diesem für die Approbation geltenden Bestimmungen. (Schutz des einheimischen Arzttums vor Grenzübergriffen und Invasion fremder Mediziner ohne ordentliche Approbation.)
4. Unterstellung unter die im Nachbarlande gültigen Gesetze und Verordnungen in bezug auf die Ausübung der Praxis in diesen. (Berufsgeheimnis, Kenntnis der Pharmakopöen beider Gebiete. Rezeptur. Zeugnisverweigerung usw.)

In einzelnen Konventionen können noch bestimmte Sondernormen bestehen, wie in der eben genannten italienisch-schweizerischen der Passus, keine speziellen Übereinkommen für den Sanitätsdienst mit den Gemeinden des Nachbarlandes abzuschließen. Verboten ist z. B. die Annahme von Gemeindearztstellen (Medici condotti) für Ärzte, die solche Stellen vom Nachbarlande zu erlangen suchen. Ein Italiener kann also keine Kommunalarztstelle in der Schweiz annehmen, ohne die schweizerische bzw. tessinische Approbation erworben zu haben[53]). Art. 5 gleicher Konvention bestimmt eine Befreiung von bestimmten Zollschranken, die für die Medizinalpersonen im Interesse rascher Hilfeleistung und Bewegungsfreiheit gefallen sind.

Die sub 4 genannte Subsumierung unter die Gesetze des Landes, in dem der Grenzarzt die betreffende Handlung vornimmt, entspricht dem Territorialprinzip; maßgebend ist also die Lex loci aegroti, wenn der Arzt zum Kranken geht, die Lex domicili medici, wenn der Kranke zum Arzte kommt. Der Arzt ist nur strafbar bei Preisgabe einer Tatsache, die er auf deutschem Boden erfahren hat, Tatsachen, die er als Arzt unter dem räumlichen oder örtlichen Geltungsgebiet des § 300 RStG. erfuhr, und die er auf deutschem Gebiet verriet[54]). Der Arzt aus der Schweiz ist somit strafbar:

Bemerkenswert ist die Besserstellung der an der Grenze wohnenden Hebammen in der Schweiz, die der Grenzpraxis teilhaftig sind, indes im Innern der Schweiz interkantonal keine Freizügigkeit besteht.

Der Bund hat eben keine Möglichkeit, das Verhältnis zwischen den Kantonen zu beeinflussen, falls diese nicht aus sich ein Freizügigkeitskonkordat eingehen (Art. 9 BV.), wohl aber war er imstande, zufolge seines Vertragsrechtes mit dem Auslande in den Grenzkonventionen die Hebammen an der Grenze in die Medizinalkonvention einzubeziehen. Nach Reichesberg, Handwörterbuch S. 614, sollen einzelne Kantone Verträge auf einer der Grenzpraxis ähnlichen Basis abgeschlossen haben.

[53]) IV. Vgl. Corr.-Bl. 1909, S. 857, wonach die Società medica della Svizzera italiana am 14. Juni 1909 eine Beschwerde an den Bundesrat richtete, weil die Stelle des Arztes für das Grenzwächterkorps an einen italienischen Arzt, dem das Recht, im Kanton Tessin zu praktizieren, gar nicht zustehe, übertragen worden sei.

[54]) In Anbetracht dessen, daß kein an Deutschland grenzender Kanton das ärztliche Berufsgeheimnis gesetzlich geregelt hat.

wenn er eine Tatsache, die er als Arzt auf deutschem Gebiet erfuhr, auf deutschem Boden verrät,

dagegen nicht, wenn er sie auf Schweizer Boden verrät, nicht, wenn er sie in der Schweiz erfuhr und auf deutschem Boden verrät, nicht, wenn er sie in der Schweiz erfuhr und auch da preisgibt.

Es gilt auch für den Grenzarzt die straf- und zivilrechtliche Verantwortlichkeit der Lex delicti commissi.

Dieser Zustand wird durch Inkrafttreten eines schweizerischen Strafgesetzbuches aufhören, da in den Entwürfen das Delikt des Geheimnisbruches auch aufgenommen wurde. Zurzeit aber hat kein Kanton an der deutschen Grenze dafür eine Strafnorm.

Daß auch die Grenzpraxis Inkonvenienzen im Gefolge haben kann, zeigt der Umstand, daß die badische Ärztekammer am 29. Dezember 1909[55]) die Frage der Gefährdung ihrer Praxis durch Schweizer Ärzte, die sich der Unterbietung und des Mitbringens von Arzneien schuldig gemacht haben sollen, besprach. Im Zusammenhang damit wurde die Resolution gefaßt, die dem Reichsamt des Innern unterbreitet werden soll:

„Als in der Nähe der Grenze belegene Orte sind nur solche zu verstehen, die nicht weiter als 5 km von der Grenze entfernt sind.“

Wir erachten es als ziemlich zweifelhaft, ob die Übertretung des sub Art. 2 der Konvention statuierten Dispensationsverbotes in der Weise stattfand, daß sie eine Gefährdung des deutschen Ärztestandes darstellt, sondern es scheint in der Tat mehr der Umstand für die Petenten maßgebend zu sein, daß gerade die schweizerischen Ärzte die Grenzpraxis ausüben und nicht umgekehrt. Welche Gründe diese Bevorzugung der Schweizer Ärzte unter der deutschen Grenzbevölkerung hervorriefen, sind nicht recht klar, ein Unterbieten ist in solchen Fällen nicht allein ausschlaggebend, und schließlich ist die Wahl des Arztes weniger Geld- als Vertrauenssache.

Daß man schweizerische Ärzte auf Grund bureaukratischer Interpretation der Paragraphen der Konvention direkt in kleinlicher Weise belästigt, zeigt folgender Fall:

Fall V. Ein Schweizer Arzt wird von der Staatsanwaltschaft eines deutschen (elsässischen) Bezirks gebüßt (unter Abhörung von 60 Zeugen), weil er bei einer Konsultation im Grenzgebiet eine Sublimatpastille mitgebracht und mit einer daraus bereiteten Lösung bei einem Patienten eine Wunde desinfiziert habe. Es wird dies als ein konventionswidriges Mitbringen von Arzneien über die Grenze betrachtet, währenddem bei einem deutschen Arzt in diesem Falle ein Übertreten des Selbstdispensationsverbotes als nicht gegeben erachtet wird[56]).

Eine derartige restriktive Interpretation des Konventionsparagraphen erscheint nicht nur a priori lächerlich und bureaukratisch und widerspricht dem Konventionsgedanken, sondern sie bedeutet auch für die Grenzbevölkerung eine schwere Beeinträchtigung der Hilfeholung, denn ein Arzt wird selbst vor den gebotenen, dispensatori-

---

[55]) Korr.-Bl. für Schweizer Ärzte 1910, Nr. 8, S. 238.

[56]) Korr.-Bl. 1907, S. 684.

schen Maßnahmen sich hüten, um nicht in Konfliktsgefahr zu geraten, und die Hilfe wird dadurch für den Patienten in unangenehmer Weise beeinträchtigt.

Das Interesse der leidenden Kranken und die Humanität sollten doch vor der Buchstabendeuterei prävalieren[57]).

Im Geschäftsbericht des Generalsekretärs des Leipziger wirtschaftl. Verbandes (1907/08) werden abermals Klagen laut über niedrige Ansätze der Schweizer Ärzte:

„Man kenne einen Schweizer Arzt, der mit seinem Automobil ständig wie ein Hausierer einen deutschen Bezirk abfahre und für Dienstmannslöhne jeden behandelt, der ihm in die Hände falle, auch bringe er in seinem Auto Arzneien mit und sei deshalb bereits bestraft worden“[58]).

Wenn man auch diese Notiz als etwas hyperbolisch betrachten muß, so zeigt sie das nicht gerade günstige Licht, in welchem die Schweizer Ärzte bei den deutschen Grenzkollegen stehen.

B. Erwerb der Approbation.

Dem Erwerb der Approbation muß beinahe überall ein abgeschlossenes, durch abgelegte Staatsprüfung bestandenes Studium vorausgehen, das die Grundlage zur Erteilung des Patentes bzw. der Approbation schafft.

„*Der Kandidat, der die Fachprüfung bestanden hat, erhält durch Vermittlung des eidgenössischen Departements des Innern das bezügliche Diplom. Dieses Diplom berechtigt zur freien Ausübung des betreffenden Berufes im Gebiete der ganzen Eidgenossenschaft*“[59]).

In Deutschland wird die Approbation nur demjenigen erteilt, „welcher die ärztliche Prüfung vollständig bestanden und den Bestimmungen über das praktische Jahr entsprochen hat“[60]).

„*Die Zulassung zu den Prüfungen und die Erteilung der Approbation ist zu versagen, wenn schwere strafrechtliche oder sittliche Verfehlungen vorliegen*“[61]).

Währenddem in der Schweiz mit der abgeschlossenen Fachprüfung die Bedingungen für die Erlangung des Approbationsattestes erfüllt sind, hat der geprüfte Mediziner in Deutschland noch das praktische Jahr als Kandidat zu absolvieren und nachher erst sich unter Erfüllung bestimmter Formalitäten bei der zuständigen Zentralbehörde um die Erteilung der Approbation zu bewerben. (Selbstgeschriebener Bericht

---

[57]) Man vergleiche hier den Mündener Fall, wo ein Arzt wegen Abgabe eines halben Kalomel-Pulvers verurteilt wurde, § 367 RStGb. (a. a. O.), Korr.-Bl. 1907, S. 684.

[58]) Korr.-Bl. 1908, S. 477.

[59]) Verordnung vom 11. Dez. 1899 für die eidgenössischen Medizinalprüfungen, Art. 39.

[60]) Prüfungsordnung für Ärzte vom 28. Mai 1901, § 1.

[61]) Prüfungsordnung für Ärzte vom 28. Mai 1901, § 2.

über Tätigkeit im praktischen Jahr, polizeiliches Führungsattest für diese Zeit. Nachweis, daß er 2 Impfterminen und 2 Nachimpfterminen beigewohnt hat — außer den offiziellen Zeugnissen der abgelegten Fachprüfung und des abgeleisteten praktischen Jahres.)

Dieser Antrag wird von der Zentralbehörde durch Erteilung der Approbation erledigt. Die Approbation muß bei Erfüllung der Bedingungen erteilt werden. Bei Versagung auf Grund von § 2 PO. erfolgt der Entscheid endgültig durch die Zentralbehörde unter Mitteilung an die anderen Zentralbehörden durch Vermittlung des Reichskanzlers. Es ist nicht möglich, der Zentralbehörde gegenüber die Approbation zu erzwingen, da sie letztinstanzlich hierüber entscheidet[62]). Die Grundsätze betreffend die Approbation sind in der Gewerbeordnung niedergelegt. GO. § 29.

§ 29.

Einer Approbation, welche auf Grund eines Nachweises der Befähigung erteilt wird, bedürfen Apotheker und diejenigen Personen, welche sich als Ärzte (Wundärzte, Augenärzte, Geburtshelfer, Zahnärzte und Tierärzte) oder mit gleichbedeutenden Titeln bezeichnen oder seitens des Staates oder einer Gemeinde als solche anerkannt oder mit amtlichen Funktionen betraut werden sollen. Es darf die Approbation jedoch von der vorherigen akademischen Doktorpromotion nicht abhängig gemacht werden.

Personen, die vor Einführung der Gewerbeordnung eine Approbation in einem Einzelstaat erlangt haben, gelten als für das ganze Reich approbiert, ohne daß aber eine nur für einen Zweig der Heilkunde erfolgte Approbation sich auf die übrigen Zweige erweitert. (v. Stengel, S. 89.)

Der Bundesrat[63]) bezeichnet, mit Rücksicht auf das vorhandene Bedürfnis, in verschiedenen Teilen des Reiches die Behörden, welche für das ganze Reich gültige Approbationen zu erteilen befugt sind, und erläßt die Vorschriften über den Nachweis der Befähigung. Die Namen der Approbierten werden von der Behörde, welche die Approbation erteilt, in den vom Bundesrate zu bestimmenden amtlichen Blättern veröffentlicht.

Personen, welche eine solche Approbation erlangt haben, sind innerhalb des Reichs in der Wahl des Ortes, wo sie ihr Gewerbe betreiben wollen, vorbehaltlich der Bestimmungen über die Errichtung und Verlegung von Apotheken (§ 6) nicht beschränkt.

Dem Bundesrate bleibt vorbehalten zu bestimmen, unter welchen Voraussetzungen Personen wegen wissenschaftlich erprobter Leistungen von der vorgeschriebenen Prüfung ausnahmsweise zu entbinden sind.

---

[62]) Flügge, l. c. S. 9.
[63]) In Deutschland.

Personen, welche vor Verkündigung dieses Gesetzes in einem Bundesstaate die Berechtigung zum Gewerbebetriebe als Ärzte, Wundärzte, Zahnärzte, Geburtshelfer, Apotheker oder Tierärzte bereits erlangt haben, gelten als für das ganze Reich approbiert.

Die Approbation kann in mehreren Staaten erworben werden und somit die Praxis in mehreren Staaten erlauben. Ein Arzt kann von England in die Schweiz kommen und das schweizerische Diplom erwerben, ohne daß er damit den Anspruch auf Praxis in seinem Heimatland verliert.

Die Approbation wird für Lebenszeit erteilt[64]), sie kann, einmal erteilt, nicht wieder zurückgenommen, widerrufen oder bloß auf Zeit erteilt werden. Die Approbation begründet einen Rechtsanspruch auf Anerkennung als Arzt. Einen Verzicht auf die Approbation gibt es nicht, wohl aber auf die dadurch erworbenen Rechte.

Nostrifikation. Daß Ärzte durch Berufung an eine ausländische Universität zum Lehrer der Medizin die Approbation ohne eine spezielle Prüfung erhalten und gegen Vorlage ihres ausländischen Diploms „nostrifiziert" werden, ist bereits an anderer Stelle betont worden[65]).

C. Verlust der Approbation.

Der Verlust kann theoretisch auf zwei Arten erfolgen: durch freiwillige und durch zwangsweise Aufhebung.

1. Verzicht.

Die Approbation stellt ein Ehren- und Berufsrecht dar, aber nicht nur ein Recht, sondern auch eine Berufspflicht. Sie ist aber auch ein Ausweis über das Vorhandensein geistiger Qualitäten.

Darum halten wir den freiwilligen Verzicht für unmöglich[66]). Ein Arzt kann sich seines Wissens und seiner Eigenschaften nicht ohne weiteres begeben und auch nicht der mit der Approbation übernommenen Verpflichtungen, nämlich Arzt zu sein.

Wohl kann er darauf verzichten, praktizierender Arzt zu sein, d. h. von dem ihm zustehenden Recht der Praxisausübung Gebrauch zu machen oder die Praxis auszuüben; aber er bleibt auch dann recte approbierter Arzt. Es wird wohl niemandem einfallen, den Arzt (z. B. der privatisiert) zur Praxis zwingen zu wollen, Notfälle, in denen der Staat als Fordernder auftritt, vorbehalten[67]).

---

[64]) Deutschland, GO. 40, Abs. I.

[65]) Vgl. hier einen Nostrifikationsstreit in Österreich. M. M. W. 1910, S. 992.

[66]) Vgl. auch Flügge, Rechtsfragen. D. M. W. 1910, S. 322.

[67]) Vgl. unter Nothilfe.

Der Verlust der Approbation ist nicht identisch mit dem Verbot der Ausübung des ärztlichen Berufes. Vgl. unten.

2. Zwangsweiser Verlust.

Dagegen kann und muß die Möglichkeit gewahrt werden, den Arzt zwangsweise des Arzttitels zu entkleiden.

Es sind hier vornehmlich drei Fälle, die besprochen werden müssen:

1. Betrügerischer Erwerb der Approbation.
2. Strafurteil mit ehrenrechtlichen Folgen.
3. Verbot der Berufsausübung.

GO. § 53.

„Die in dem § 29 bezeichneten Approbationen können von der Verwaltungsbehörde nur dann zurückgenommen werden, wenn die Unrichtigkeit der Nachweise dargetan wird, auf Grund deren solche erteilt worden sind, oder wenn dem Inhaber der Approbation die bürgerlichen Ehrenrechte aberkannt sind, im letzteren Falle jedoch nur für die Dauer des Ehrenverlustes."

a) Betrügerischer Erwerb.

Es erscheint als selbstverständlich, daß man einem Individuum, das auf Grund falscher Voraussetzungen, auf Grund gefälschter oder erschlichener, gestohlener Ausweise die Approbation erhielt, bei Kenntnisnahme der Umstände dieselbe wieder entzieht. Die Fälschung der Approbationsurkunde selber kann keinen Entzug zur Folge haben, da eine Approbation dann überhaupt nicht stattgefunden hat. (Neumann, l. c. S. 131.) Strafrechtliche Bestimmungen für das Erwerbsdelikt (Betrug, Diebstahl, Fälschung usw.) bleiben natürlich außerdem vorbehalten.

b) Strafurteil mit Ehrenfolgen.

Da der Arzttitel ein Ehrentitel ist und zu den Ehrenrechten zu zählen ist, so muß konsequentermaßen mit der strafrechtlichen Ehrenverlusterklärung auch die Einstellung der Arzttätigkeit erfolgen, und zwar nur so lange, als dieser Ehrenverlust dauert[68]). Nach Joachim und Korn[69]) braucht diese Einstellung nicht unbedingt zu erfolgen, sondern die Verwaltungsbehörden können davon absehen[70]).

In der Schweiz kann die Berufseinstellung je nach System erfolgen; in den Freigebungskantonen ist sie von richterlichem Urteil, im Falle von Verbrechen, abhängig, bei den Patentkantonen teils durch

[68]) Stengel I, l. c. S. 89.

[69]) l. c. S. 33.

[70]) VI. Vgl. den Fall des Dr. Weisbrod, bestraft wegen Erpressung, der durch den Bezirksausschuß Düsseldorf für die Dauer des Ehrenverlusts auf Grund von Art. 53 GO. durch Entzug der Approbation geahndet wurde. M. M. W. 1909, S. 45. — Vgl. ferner die Besprechung in M. M. W. 1907, S. 1502. — Von dem Rechte hat das preußische Oberverwaltungsgericht mit Urteil vom 21. Dezember 1908 Gebrauch gemacht.

VII. Dr. S. in Wien wurde wegen gewerbsmäßiger Abtreibung das Diplom bzw. die Approbation entzogen.

den Richter, teils durch die Verwaltungsbehörde; durch den Richter in Zürich, Bern, Luzern, in den übrigen durch die Verwaltungsbehörden[71]).

c) Verbot der Berufsausübung.

Eine Kollision in diesen Fragen ist leicht möglich, wir müssen unterscheiden:

1. Der Arzt hört auf, Arzt zu sein. (Verlust der Approbation.)

Damit ist nicht gesagt, daß er nicht weiter die Praxis ausüben dürfe, wie jeder andere Laie und Heilkünstler (Deutschland), sondern es ist ihm nur wie diesen die Führung seines früher zu Recht besessenen Arzttitels untersagt.

2. Der Arzt bleibt zwar Arzt, aber es ist ihm verboten, den Beruf auszuüben.

Diese Form ist an die Patentkantone und Staaten mit Berufsmonopol im Ärztewesen gebunden.

So kann in der Schweiz ein Arzt, der das Diplom (eidgenössisch) besitzt, vom Kanton im Beruf eingestellt werden, ohne daß er dadurch die Fähigkeit verlöre, mit dem Diplom in einem andern Kanton weiter auf Grund eines dort erworbenen Patents zu praktizieren (Patentverlust; vgl. auch Salis, II, S. 645.)

Die Berufsuntersagung macht also vor den Grenzen des Nachbarkantons Halt. Somit geht ein Arzt dabei nicht der Praxis und nicht des Titels verlustig, es verschließt sich ihm nur für erstere ein bestimmtes Gebiet (Kanton).

Die Berufsuntersagung kann als fakultative Nebenstrafe, als Obligatorium bei bestimmten Delikten oder als administrative Verfügung eintreten.

Die Berufsuntersagung ist strafrechtlich relevant bei verschiedenen Delikten und in verschiedenen Ländern gesetzlich statuiert. Schw. V. Entw. 1908, § 43 in allgemeiner Fassung. Niederlande Art. 298, Bulgarien 260. Rußland Art. 466, Mexiko Art. 580. Paraguay, § 218. Italien § 384. Brasilien Art. 300. Venezuela Art. 388. Argentinien Art. 90. Bei diesen Staaten ist diese Strafe meist Zusatzstrafe bei ärztlicher Abtreibung. Auch verschiedene schweiz. Kantone kennen die Berufsuntersagung obligatorisch oder fakultativ bei Abtreibung: Schaffhausen § 158, oblig. Waadt § 228, oblig. Wallis § 236, oblig. Tessin § 326, oblig. Neuenburg § 311, oblig.

Am ungeeignetsten erscheint das Berufsverbot als administrative Maßregel. Obwohl gewisse Vorteile bietend (geistig unfähige und gerichtlich nicht belangbare Ärzte werden dadurch faßbar), so haftet ihm doch ein Odium administrativer Willkür an. Wir halten es für inopportun, daß durch eine administrative Verfügung einer einzelnen Stelle ein Arzt auf Lebenszeit in seinem Beruf eingestellt werden kann. Der Züricher Medizinalgesetzentwurf hat eine solche Fassung:

---

[71]) Schollenberger, Verwaltungsrecht II, S. 118.

§ 11. Einer Medizinalperson sowie einer Person unter § 2 b und c kann durch Verfügung der Direktion des Gesundheitswesens nach Anhörung des Betreffenden und Einholung der Begutachtung durch den Sanitätsrat das Recht zur Ausübung ihres Berufes auf eine bestimmte Zeitdauer oder auf Lebenszeit entzogen werden:

a) wenn sie die Handlungsfähigkeit verloren hat;
b) wenn sie zur Ausübung des Berufes geistig unfähig geworden ist.
c) wenn sie sich in ihrem Berufe grobe Fahrlässigkeiten zuschulden kommen läßt, der Ausstellung absichtlich unwahrer Krankheitszeugnisse oder der Vornahme unsittlicher Handlungen überführt ist oder überhaupt den guten Ruf verloren hat[72]).

Es ist leicht begreiflich, daß der letzte, übrigens von seiten der Frauen aufgebrachte Passus „oder überhaupt den guten Ruf verloren hat“ vom Kantonsrat gestrichen wurde; denn damit wäre administrativer Willkür, die wir ja nicht voraussetzen, die aber kommen könnte, ein weiter Spielraum gelassen. Und wo beginnt und wo hört er auf, der „gute Ruf des Arztes“?

Die finanziellen Folgen eines freiwilligen Verzichtes, nicht auf die Approbation, sondern auf die Ausübung der Praxis hat eine große Bedeutung für die Ärzte, die keine Praxis ausüben, in der Hinsicht, daß sie von den ordentlichen Beitragspflichten zu den Ärztekammern dispensiert sein wollen; dies geschieht auf eine Erklärung hin, wonach der Arzt sich der Ausübung der Praxis enthält, und wird hinfällig mit dem Momente, wo er sie wieder aufnimmt. Während dieser Dauer ruht auch aktives und passives Wahlrecht in die Ärztekammer.

Auch der Doktortitel kann (M. M. W. 1907, S. 1502) aberkannt werden.

D. Die durch Approbation unmittelbar erworbenen Rechte.

Je nach Umfang und Tragweite der Approbation sind auch die dadurch erworbenen Rechte mehr oder minder über das allgemeine Rechtsniveau des Einzelnen erhaben. In den Patentstaaten sind diese Rechte im Prinzip höher als im Freigabestaat.

Dies wird sich am besten bei der Einzelbetrachtung ergeben.

Mit der Approbation erwirbt der Arzt

1. das Recht, Kranke zu behandeln;

überall da, wo die Behandlung von Kranken frei steht (Deutschland, Freigabekantone); muß es als nicht durch die Approbation, sondern als für jedermann gültig, somit für den Arzt als schon vor der Approbation bestehend angenommen werden, dagegen ist es da ausschließlich, wo die Behandlung von Kranken nur durch den Arzt geschehen kann und bedeutet somit ein approbationis causa erworbenes Privileg, auf dem sich die ganze Tätigkeit aufbaut.

---

[72]) Von uns spationiert.

2. Das Recht, den ärztlichen Titel als solchen zu führen;
ein Privileg, das auch in den meisten Freigabestaaten geschützt ist (Titelschutz).

Prinzip: Niemand außer dem approbierten Arzt ist befugt, diesen Titel zu führen (Deutschland, Neuenburg). (Vgl. Conrad, l. c. II, S. 14.)

3. Das Recht, den Doktortitel zu erwerben,
insofern, als es als Vorbedingung zum Erwerb des Doktortitels gilt, vorher die Approbation erworben zu haben.

Der Doctor medicinae ist der Titel für den Arzt, der durch eine spezielle wissenschaftliche Arbeit sich diesen Titel erworben hat, im Volksmund und dem landläufigen Begriff ist der Mediziner überhaupt der „Doktor". Der allgemeine akademische Titel für den Arzt wird als spezifisch erachtet; es ist darum sehr angebracht und beinahe notwendig, sich den Doktortitel zu erwerben. Insbesondere für Aspiranten auf die akademische Karriere ist er unumgänglich notwendig. Ebenso auch für den Staats- und Beamtendienst (vgl. Peiper, S. 6). Es ist der Doktortitel, ein Titel, der, bloß um der allgemeinen Volksanschauung Genüge zu leisten, mit mindestens 3—400 Fr. bzw. M. bezahlt wird[73]).

4. Das Recht, ausschließlich vom Staate mit amtlichen Funktionen betraut zu werden[74]),
Amtsarzt, Bezirks- und Kreisarztstellen zu bekleiden und in dieser Funktion amtliche Atteste auszustellen. Dieses Privileg ist auch für die extremsten Freigabestaaten Glarus und Appenzell a. Rh. (l. c. S. 12) gültig und dort beinahe einziges Privileg des Ärztestandes.

5. Das Recht, die Heilkunde im Umherziehen auszuüben,
ein Privileg, das den Ärzten durch die Gewerbeordnung in Art. 56 und 56a verliehen wurde, beinahe gegenstandslos für den Arzt, von größter Bedeutung für den Kurpfuscher ist, wenn nicht gerade diese Paragraphen speziell gegen das Kurpfuschertum gerichtet wären. Das Periodeutentum unter den Ärzten ist beinahe ausgestorben, während es dem Charlatan nur angenehm sein könnte, von Zeit zu Zeit den Schauplatz seiner Tätigkeit zu wechseln.

Die Bestimmungen lauten:

GO. § 56, Ziff. 9. Ausgeschlossen vom Ankauf oder Feilbieten im Umherziehen sind: Gifte und gifthaltige Waren, Arznei- und Geheimmittel, sowie Bruchbänder.

§ 56a. Ausgeschlossen vom Gewerbebetrieb im Umherziehen sind:

---

[73]) Verfügung des preußischen Medizinal-Ministers vom 31. März 1898 und desselben Bekanntmachungen über die einheitliche Regelung der med. Doktorpromotionen an sämtlichen deutschen Universitäten vom 16. Juli 1900.

[74]) Vgl. Conrad, l. c. II S. 15.

1. *die Ausübung der Heilkunde, insoweit der Ausübende nicht für dieselbe approbiert ist.* (Vgl. Conrad, II, S. 15; Stengel, II, S. 89.)

Dem Arzte steht es somit frei, überall in ganz Deutschland umherzuwandern und zu heilen, sofern er nicht die in Art. 56 genannten Waren zu vertreiben sucht. Es besteht also für den Arzt eine Einschränkung, insofern, als ihm das Selbstdispensationsrecht hierdurch bedeutend eingeschränkt wird, ein Fall, der sich in praxi viel leichter macht, indem ein wandernder Mediziner kaum eine ganze Apotheke mitführen, sondern sich mit der Rezeptur begnügen wird.

VIII. Das Schöffengericht Hainau verurteilte einen Händler wegen Feilhaltens von Brusttropfen zu 96 M. Geldstrafe wegen Übertretung des Verbots des Verkaufs von Heilmitteln im Umherziehen. Ph. Ch. 1910, S. 181.

In der Schweiz besteht kein derartiges Verbot für den Arzt, sich als Wanderarzt im Lande zu bewegen, indeß es dem Kurpfuscher auch bedeutend schwerer gemacht wird.

Wenn also auch das Privileg für den ordentlichen Arzt unbedeutend ist, so vermag es doch, wenn auch in geringem Maße, dem wandernden Pfuschertum Einhalt zu tun.

6. Das Recht, die Impfung vorzunehmen.

Die große staatsgesundheitliche Grundlage der Impfung und Immunisierung und die Sorgfalt, mit der eine solche ausgeführt werden muß, hat die Staaten veranlaßt, die Impfung als Monopol für den Ärztestand zu erklären, ev. sie gar durch beamtete Ärzte vorzunehmen, auf jeden Fall aber sie dem Kurpfuschertum zu entziehen. (Vgl. Conrad II, S. 15.)

7. Das Recht, Schiffsarzt zu sein.

Eine Vorschrift, die für die Schweiz keine, für Deutschland eine sehr große Bedeutung hat, da auf Grund von § 36 des Gesetzes über das Auswanderungswesen (Verordnung vom 14. März 1889) vom 9. Juni 1897 (nach Seemannsordnung vom 2. Juni 1902 stets als Schiffsoffizier) jedes solche Schiff einen approbierten Arzt an Bord haben muß, der zur Pflege der Schiffskranken geheuert wird. Die Hamburger Ärztekammer hat zurzeit die Vermittlung solcher Stellen in Händen[75]). Für die Schiffsärzte ist außer der Kenntnis der Tropenkrankheiten auch die allgemeine schiffsärztliche Ausbildung nötig, die leider zurzeit nur durch Selbststudium (Nocht, Vorlesungen für Schiffsärzte. Leipzig 1906. Georg Thieme) erworben werden kann.

8. Das Recht der Rezeptur.

Gewisse starkwirkende Arzneimittel werden nur gegen Rezept eines approbierten Arztes abgegeben. Daneben kann er aber jede Arznei verschreiben, die aus andern als aus diesen Mitteln zusammengesetzt ist, wie es allerdings jeder Kurpfuscher auch kann.

---

[75]) Flügge, l. c. S. 17. Peiper, l. c. S. 28. Fürst, l. c. S. 27ff.

Das Rezept ist als eine rechtserhebliche Urkunde zu betrachten. (Entsch. des Reichsgerichts f. Strafsachen, Bd. 18, Nr. 39, S. 149.)

Gewisse Bestimmungen verbieten sogar die Ausgabe von Arzneimitteln der Klasse Analgetica und Hypnotica, ohne daß für jeden neuen Fall ein neues Rezept ausgestellt wird. (Kampf gegen Morphinismus und Kokainismus usw.)

Über die Rezeptur vgl. unten S. 44ff.

9. Das Recht, zu dispensieren.

Schon früher entstanden Konflikte zwischen Arzt und Apothekerberuf, da jeder Teil seine Rechte wahren wollte, und die Ärzte zäh an dem Rechte der Selbstdispensation festhielten, selbst bis in die neueste Zeit hinein[76]). Die Forderung der Apotheker, daß die Ärzte nur im Notfalle selbst dispensieren dürften, in allen andern Fällen sich auf die Rezeptur zu beschränken hätten, scheint sich nach und nach Bahn zu brechen.

In Deutschland besteht zurzeit bereits ein solches Verbot (schon im Preußischen Landrecht vom 5. Februar 1794). Der Arzt soll nur im Notfall dispensieren, wenn im nämlichen Ort eine Apotheke ist, vorbehalten die homöopatischen Ärzte. (Pr. Reglement vom 20. Juni 1843.) Die Dispensation wird durch RStGB. § 367 betroffen mit Buße bis 150 M. oder Haft. Die Möglichkeit, in apothekenfreien Orten eine Hausapotheke zu haben, ist von der Genehmigung des Regierungspräsidenten abhängig. Diese Hausapotheken sind dann noch an weitere Bedingungen geknüpft: Kleiner Bestand, Entnahme aus einer Apotheke, Ausrüstung wie eine Apotheke, Revision usw.[77])

In der Schweiz ist man noch nicht zu diesem Zustand gelangt, sondern es ist den Ärzten noch gestattet, selbst zu dispensieren[78]).

Über die Dispensation vgl. weiter unten S. 45.

---

[76]) Korr.-Bl. f. Schweiz. Ärzte v. 15. II. 1909, S. 137. Man vgl. auch u. Apotheker. Kantonsratsverhandlungen. Zürich, März 1912.

[77]) Apothekenbetriebsordnung vom 18. Febr. 1902, § 50, 51. Joachim und Korn, l. c. S. 294, 110.

[78]) Vgl. Verhandlungen des Zürcher. Kantonsrats: Neue Z. Ztg. 1912, Nr. 85, zweites Abendblatt.

Aus der Beratung ging folgende Fassung des Medizinalgesetzes hervor:

§ 21. In politischen Gemeinden, wo öffentliche Apotheken (§§ 30 und 31) bestehen, ist den Ärzten die Verabfolgung von Arzneien aus ihren Privatapotheken, dringende Fälle ausgenommen, untersagt. Ärzten, welche zur Zeit des Inkrafttretens dieses Gesetzes oder vor Errichtung einer öffentlichen Apotheke Privatapotheken betrieben, wird deren Weiterbetrieb bis zu ihrem Tode gestattet.

§ 22. Zum Betriebe einer Privatapotheke ist die Bewilligung der Direktion des Gesundheitswesens erforderlich.

Die Ärzte haben sich über ihre Befähigung zum Betrieb einer Privatapotheke auszuweisen.

Die Privatapotheken sind vorschriftsgemäß einzurichten und zu betreiben.

Über den Bezug der Arzneistoffe haben die Ärzte Buch zu führen; sie sind für richtige Beschaffenheit der Arzneistoffe und Zubereitung der Arzneien verantwortlich.

10. Das Recht auf strafrechtlich spezifische Behandlung privilegierter Berufshandlungen.

A. Straflosigkeit bei Teilnahme als Arzt beim Duell.
B. Recht der Zeugnisverweigerung in Konfliktsfällen mit dem Berufsgeheimnis.
C. Anerkennung körperverletzender Eingriffe[79]).
D. Anerkennung bei indizierter Abtreibung.
E. Anerkennung der indizierten Tötung (des Kindes während der Geburt[80]) (Perforation).

Auf diese Handlungen hier näher einzugehen, würde zu weit führen, da alle Punkte an anderer Stelle zur Sprache kommen werden und einer eingehenderen Bearbeitung bedürfen.

11. Das Recht auf konkursrechtliche Besserstellung.

A. Als Gläubiger.
B. Als Schuldner.

Sowohl in der einen, als in der andern Eigenschaft genießt der Arzt eine Bevorzugung, als Gläubiger, eine Einreihung in die Klasse der bevorzugt Forderungsberechtigten, in der Schweiz in die dritte Klasse, § 219 (vom 11. April 1889) des Schuldbetreibungs- und Konkursgesetzes, in Deutschland in die Klasse IV, § 1, Konkursordnung vom 11. Februar 1877/20. Mai 1898, in Österreich in die erste Klasse, § 43 al. 3, Konkursordnung[81]).

Diese Bevorzugung bezieht sich jedoch stets nur auf die Forderungen aus Kur- und Pflegekosten, nicht aber aus andern zivilrechtlichen Verbindlichkeiten. Es kann also beispielsweise ein Arzt in verschiedenen Gläubigerklassen stehen.

Als Schuldner kommen für ihn in Betracht die Bestimmungen über die Kompetenzstücke und deren Unpfändbarkeit.

Nicht pfändbar sind beim Arzte „die zur Berufsausübung notwendigen Werkzeuge, Gerätschaften, Instrumente und Bücher" (Schweiz. SchB. KG. § 92, Abs. 3, in Deutschland außerdem „noch anständige Kleidung", Zivilprozeßordnung § 811, Abs. 7, hierzu natürlich die für ihn und seine allfällige Familie in Frage kommenden Kompetenzstücke. Im gleichen Falle besteht auch kein Retentionsrecht des Vermieters.

Ärzte in Amtsstellung, Militärärzte, genießen in Deutschland den Schutz des öffentlichen Beamten, d. h. es kann ihnen von den Einnahmen nur ein Drittel des 1500 M. übersteigenden Betrages gepfändet werden. ZPO. § 850.

Ärzten an Privatanstalten der ganze 1500 M. übersteigende Gehaltsbetrag. (Gesetz betreffend Beschlagnahme des Arbeits- und des Dienstlohns vom 21. Juni 1869 und ZPO. § 850.)

---

[79]) Wenn man den ärztlichen Eingriff als Körperverletzung betrachten will!

[80]) Für den Fall, daß man die Frucht in diesem Zeitpunkt als „Kind" bezeichnen will.

[81]) Vgl. Conrad, II, S. 15. Stengel, l. c. II S. 89.

Diese Bevorzugungen sind aus dem ganzen Wesen des Arzttums heraus so ohne weiteres begreiflich, daß auf sie nicht weiter eingegangen werden soll. Der Beruf eines Arztes verpflichtet ihn, als Arzt mit so vielen Familien zu paktieren, ohne daß es ihm immer möglich wäre, sich über die Solvenz dieser Leute zu erkundigen; darum kann diese Erledigung als eine sehr glückliche betrachtet werden; anderseits ist die Nichtpfändbarkeit der Berufsutensilien ohne weiteres augenfällig, und auch die anständige Kleidung ist als Kompetenzstück leicht begreiflich, denn sie ist ein Erfordernis des Arztes und wird von seiner Klientel verlangt.

12. Das Recht, von Vorspannleistungen in Krieg und Frieden befreit zu sein, sowie von Fourageleistungen

(hat nur für Deutschland Bedeutung).

Die für Ausübung des Berufs nötigen Pferde und der dazu gehörige Fouragenbestand verbleibt ihnen unantastbar. (RG. über Naturalleistungen für die bewaffnete Macht im Frieden vom 24. Mai 1898, § 3 und 5, im Kriegsfalle § 25 des Gesetzes vom 16. Juni 1873 über die Kriegsleistungen[82]).)

Dieser, allerdings nur für Deutschland in Frage kommende Fall, nimmt auf die Notwendigkeit des privaten Arzttums im Hinterlande sowie auch im Frieden gebührend Rücksicht. Ein Einmarsch eines Gegners wird allerdings die Ärzte dieses Privilegs berauben, da die kriegsrechtlichen Konventionen für die Ärzte außerhalb des Heeressanitätsdienstes keine besonderen Immunitäten statuieren.

13. Das Recht zur Ablehnung öffentlicher Ehrenämter

(in Deutschland)

als Schöffe oder Geschworener in allen Fällen, wenn innerhalb einer Woche nach der Berufung abgelehnt wird. (Gerichtsverfassungsgesetz § 35, III, und § 85.) Städtische Ehrenämter in Preußen (ausgenommen Hessen-Nassau und Frankfurt a. M.) Nur eine Wahl in die städtische Gesundheitskommission muß angenommen werden (sanitäres Kommunalinteresse). In Landgemeinden sind Ehrenämter nur in den Provinzen Westfalen und Hannover ablehnbar, Kreisehrenämter nirgends.

14. Das Recht auf Befreiung von der Gewerbesteuer

besteht in allen deutschen Staaten, besonders in Preußen, ausgenommen in Hamburg und Elsaß-Lothringen. Beamtete und Militärärzte sind auch den Gemeindesteuern nicht schlechthin unterworfen[83]).

„Die obersten Instanzen unserer ordentlichen und außerordentlichen Gerichte sind demnach übereinstimmend der Ansicht, daß der ärztliche Beruf kein Gewerbe ist, also darf er auch nicht der Gewerbe-

---

[82]) Joachim und Korn, l. c. S. 38.
[83]) Joachim und Korn, l. c. S. 39/40.

steuer unterworfen werden, weder in Hessen noch in einem andern Bundesstaat" schreibt Schwalbe l. c. zu einem Versuch, in Hessen eine Gewerbesteuer von den Ärzten zu erheben.

15. Das Recht auf Ableistung der Militärpflicht als einjährigfreiwilliger Arzt,

im 2. Halbjahr, nachdem er das erste Halbjahr mit der Waffe abgedient und die Staatsprüfung bestanden[84]). Heerordnung vom 22. November 1888 § 17. Vgl. auch im nähern Neumann, l. c. S. 92.

---

[84]) Joachim und Korn, S. 38. Flügge, l. c. S. 125. Schwalbe, l. c. S. 129.

2. Der ärztliche Berufskreis.

A. Umgrenzung des ärztlichen Berufs.

a) Nach außen.

Die Umgrenzung des ärztlichen Berufes hat von jeher gewisse Schwierigkeiten an sich, einmal eine Abgrenzung gegen die Tätigkeit des medizinischen Hilfspersonals (Krankenpfleger, Wärter, Schwestern, Diakonissinnen usw.) und den Vertretern der niedern Medizin und Chirurgie (Chirurgen, Hühneraugenoperateure, Masseure usw.), dann aber auch gegen die arztähnlichen Berufe, wie Apotheker, Zahnärzte, Tierärzte und Hebammen.

Am schwierigsten, einschneidendsten und doch stets am dringendsten erschien die Abgrenzung von Medizin und Kurpfuschertum, da einerseits die Bekämpfung der Auswüchse der Laien„medizin" und der Pfuschermedizin von größter Schwierigkeit sich zeigte, anderseits die Mediziner rechte approbierte Elemente an das Pfuschertum abgaben, die aus niedrigster Erwerbssucht dem ärztlichen Stande untreu wurden, und denen man auch auf keine Weise beikommen kann; denn sie sind approbiert und hüten sich wohl, die Gesetze zu übertreten.

Einen streitigen Punkt stellt auch die Abgrenzung gegenüber den Vertretern des eigenen Standes dar, die eine Sonderstellung im Zusammenhange einnehmen müssen; es sind dies im guten und bösen: unlautere Elemente des Ärztestandes und die ärztlichen Spezialisten.

Wir werden uns vor allem mit der Abgrenzung der ärztlichen Tätigkeit nach seiten der arztähnlichen und hilfsdienstlichen Berufe, sowie der Begrenzung der Ärzte unter sich (Spezialisten und räudige Elemente: Wasserdoktoren, Sechswochenspezialisten, briefliche Behandler, Ambulatoristen usw.) zu beschäftigen haben.

I. Arztähnliche Berufe.

Wohl am wichtigsten und teilweise bestrittensten ist die Abgrenzung des ärztlichen Berufs gegen den

a) Apotheker.

Allgemeines. Das Verhältnis vom Arzt zum Apotheker ist schon früher oft ein Streitapfel gewesen, sei es, weil Arzt und Apotheker sich zur Ausbeutung der Kundschaft vereinigten[85]), sei es, daß Über-

[85]) S. Einleitung S. 6.

griffe von dem einen Beruf in den andern vorkamen: Unbefugtes Arznen von seiten des Apothekers und Übergriffe von seiten des Arztes durch Überschreitung des Selbstdispensationsrechts.

Die Trennung des Apothekerberufs vom ärztlichen stammt aus der arabischen Medizin. Apotheke bedeutet Magazin für Pharmaka (Heilmittel). Deutschland hatte im 14. Jahrhundert die ersten Apotheken, die man von Anfang an unter strenge Vorschriften stellte, und deren Inhaber man ähnlichen Kautelen untertan machte, wie dies den ausübenden Ärzten gegenüber geschah.

Die Zahl der Apotheken ist beschränkt durch Privilegierung und Konzession, wobei hauptsächlich auf die Bedürfnisfrage abgesehen wird.

Bestand. Deutschland besaß 1890 4798 Apotheken, d. h. eine Apotheke auf 9803 Einwohner; die Schweiz 1898 523 Apotheken, d. h. eine auf 6012[86]).

Pharmarkopöe. Für die Arzneibereitung dient das staatliche Normenregister für die Arzneimittel und deren Zubereitung und Prüfung. Für die Schweiz gilt (mit Ausnahme des Kantons Glarus[87]) die ,,Pharmacopoea Helvetica, Edit. III[88]), für Deutschland das deutsche Arzneibuch (D. A.-B. 5), nach Maßgabe welcher der Rezeptur- und Verordnungsbetrieb zu gestalten ist. Außer diesen offiziellen Heilmitteln ist es den Apothekern gestattet, auch noch andere Mittel zu halten, seien es die unter frühern Pharmakopöen gültigen, seien es die neuen Spezialitäten pharmazeutischer Fabriken, zu deren Gunsten der Rezepturbetrieb und damit der eigentliche Apothekerberuf zurückgegangen und zu einem Spezialitätenverkauf herabgesunken ist.

Apothekensysteme. Durch staatliche Vorschrift ist der Verkauf aller der Mittel geregelt, die nur auf die Apotheken überhaupt beschränkt sein sollen (Abgabe von Giften und starkwirkenden Arzneimitteln nur gegen Rezept) [in Deutschland: Bundesrätliche Verordnung vom 13. Mai 1898[89])], sowie der Handverkauf (Abgabe von Arzneimitteln ohne Rezept) [Verzeichnisse der Drogen, die verkauft werden können]. (Verzeichnis A und Verzeichnis B.)

Internationales Übereinkommen. Durch ein Internationales Übereinkommen, betreffend Vereinheitlichung der Vorschriften für die starkwirkenden Arzneimittel, abgeschlossen in Brüssel am 29. November 1906, ist für diese Heilmittel eine Gleichmäßigkeit in Bennenung und Herstellung gewährleistet worden. Beigetreten sind Österreich, Deutschland, Ungarn, Belgien, Bulgarien, Dänemark, Spanien, die Vereinigten Staaten, Frankreich, Großbritannien, Griechenland, Italien, Luxemburg, Norwegen, die Niederlande, Rußland, Serbien, Schweden und die Schweiz (vgl. Bundesgesetze und Verord. cf. Sammlung, Neue Folge, Bd. XXIV, S. 221, und Schollenberger, Schweiz seit 1874, S. 422).

[86]) Dr. Kaiser in Reichesberg, Handwörterbuch I, S. 72.
[87]) Schollenberger, l. c. 120.
[88]) BB. 1893, V. 551.
[89]) Kaiserliche Verordnung vom 22. Okt. 1901.

Medikamentismus. Teilweise und als Fortschritt anzusehen sind spezielle Vorschriften betreffs Abgabe von Arzneimitteln aus der Klasse der Analgetica (Chloral und Salze, Morphin, Kokain und deren Salze) oder spezifische Hypnotica (Paraldehyd, Sulfonal, Trional, Veronal, Urethan usw.), die man im Interesse der Vermeidung des gewohnheitsmäßigen Genusses zu Berauschungszwecken (Morphinismus und Kokainismus usw. erlassen hat[90]).

Medizinalpolizeilich können wir zwei Hauptsysteme unterscheiden: Schutz- und Freigabesystem.

1. Die Abgabe ist auf die Apotheker überhaupt beschränkt.

(Entspricht den Forderungen des Apothekerstandes und der Medizinalverkehrssicherheit, ev. sogar der Bekämpfung des Kurpfuschertums[91]). Freiburg[92]).

2. Die Abgabe von Drogen ist absolut frei.

Handelsfreiheit, nationalökonomische Forderung. Ev. bloß die Rezeptur ist auf die Apotheke beschränkt: Genf[93]).

Die schweizerischen Kantone haben zufolge ihrer Souveränität die verschiedensten Regulierungen, die sich zwischen den genannten Extremen bewegen.

Geheimmittel. Der Verkauf der Geheimmittel (Mittel, deren Zusammensetzung geheimgehalten oder falsch angegeben wird, und die man teils als G. im eigentlichen Sinn, teils als Spezialitäten (besonders in Frankreich, England und Amerika) verkauft, ist meist gesetzlich beschränkt (Deutschland, Apotheken-Betriebsordnung vom 18. Februar 1902, § 36 [man vergleiche Näheres darüber unter Kurpfuscherei], und zwar so, daß der Apotheker sie nur verkaufen darf, wenn er die Zusammensetzung kennt, die Mittel nicht dem Verzeichnis B[94]) angehören, und der Preis nicht höher ist als bei Zusammensetzung nach der Arzneitaxe (Taxvorschriften sowohl in Deutschland als auch in den verschiedenen schweiz. Kantonen (Aargau, Baselstadt, Bern, Freiburg, Schaffhausen, Zürich) oder gar verboten durch Aufstellung einer schwarzen Liste (Tessin, Zug, Zürich).

Kosmetika. Kosmetika sind dagegen meistens freigegeben.

---

[90]) Peiper, l. c. S. 42.

Georg Ihberg, Morphinismus und Urkundenfälschung. Monatsschr. f. Kr. Psych., Bd. IV, S. 436 ff. stellt die Beziehungen zwischen Morphinismus und Rezeptfälschung dar, die durch Morphinisten in so häufigen Fällen begangen werden, um sich in den Besitz von Morphin und ähnlichen Arkana zu setzen.

Ehrlich, F., Selbstmord und Veronal. M. M. W. 1906, 559. Vgl. hier auch Kühner, Gefahren, l. c. S. 107.

Fall IX. Ferner ein freisprechendes Urteil über eine Morphinistin, die ein Rezept fälschte, um Morphin zu erhalten. M. M. W. 1909, S. 741.

[91]) Spinner, Schweiz. Juristenzeitung, VI. Jahrgang, Heft 9.

[92]) Schollenberger. l. c. S. 119.

[93]) Schollenberger, l. c. S. 119.

[94]) d. h. überhaupt der Liste der für den Handverkauf nicht abgebbaren Stoffe.

Zur Sicherung des Apothekers und des Publikums vor teilweise unzweckmäßiger Anordnung von seiten des Arztes dient die Normierung von Grundsätzen über telephonisches Rezept und unleserliches Rezept.

Telephonisches Rezept. Das telephonische Rezept mag dann angebracht sein, wenn es der Arzt bei der Konsultation durch den Patienten aufgibt, so daß dieser das Mittel dann sofort abholen kann, oder in sonst dringenden Fällen. Das Telephon soll also nur in Ausnahmefällen verwendet werden, und auch dann nur unter nachfolgendem schriftlichen Rezept, speziell für die Arzneimittel der Separanda-Klasse. Grund dazu ist die Möglichkeit telephonischer Mißverständnisse und der Schutz des Apothekers bei „Kunstfehlern" und Irrtum des Arztes in der Rezeptur.

Unwahrscheinliche Rezepte. Unwahrscheinliche Rezepte (Überschreitung der Maximaldosen oder andere Irrtümer) sollen die Nichtanfertigung des Rezeptes zur Folge haben, bis die Angelegenheit durch Übereinkunft erledigt ist. (Teilweise Mitteilung an den Kreisarzt!)

Unleserliche Rezepte. Viele Ärzte haben eine kaum leserliche Handschrift oder schreiben Rezepte aus Standesdünkel unleserlicher, als sie es tun könnten. Sie tun dem Patienten keinen Dienst damit; der Apotheker wird, falls ihm diese Hieroglyphen ungeläufig sind, das Rezept zur Leserlichmachung an den Arzt zurückweisen. Kostbare Zeit geht damit dem Kranken verloren.

Ein Erlaß des hessischen Ministeriums des Innern lautet:

„*Da Rezepte mit kaum leserlicher Handschrift zur Anfertigung an die Apotheke gebracht werden, weisen wir die Apotheker an, sich für die Folge solchen Rezepten gegenüber in keinem Falle auf mehr oder weniger mühevolle zuverlässige Enträtselung einzulassen, vielmehr stets von dem ordinierenden Arzt eine deutliche Inhaltsangabe zu verlangen*". (Korr.-Bl. 1905, S. 600.)

Ärztliche Hausapotheke. Was die Apotheke verkaufen darf, das ist auch dem Arzt in seiner Hausapotheke an seine Patienten abzugeben gestattet, bei Spitälern an die Kranken, durch die Dispensieranstalt bzw. Spitalapotheke, soweit nicht — und hier liegt der Hauptzankapfel zwischen Arzt und Apotheker — besondere Bestimmungen das Selbstdispensationsrecht regeln. Im Interesse des Apothekerstandes liegt es, daß der Arzt möglichst wenig dispensiert, im Interesse des Patienten aber oft, daß er die Heilmittel schnellstmöglich erhält. Dies gibt das Kriterium für das Selbstdispensationsrecht ab: Da, wo Apotheke, da Rezeptur; wo Apotheke fern, da Selbstdispensation.

Ärzte in der Stadt verzichten ohne weiteres auf das Selbstdispensieren; für den Landarzt wird es, selbst wenn er im Orte der Apotheke wohnt, geraten sein, sich eine kleine Haus- oder Handapotheke zu halten, um in dringenden Fällen doch nicht auf die einzige, evtl. entfernte Apotheke angewiesen zu sein, insbesondere, wenn diese bloß eine Filialapotheke sein sollte.

Selbstdispensationsverbot. In Deutschland ist die Selbstdispensation an und für sich dem Arzte, mit Ausnahme der Not- und Handapotheken, verboten, und auch zu deren Haltung bedarf es der Erlaubnis durch die höhere Verwaltungsbehörde[95]) (in Sachsen beispielsweise Genehmigung, wenn die Entfernung bis zur nächsten Apotheke 7—8 km beträgt). In der Schweiz ist die Selbstdispensation noch erlaubt und in der Landpraxis allgemein gebräuchlich, selbst wenn eine Apotheke am Ort ist, obwohl die Apotheker sich sehr darüber beschweren und im ganzen als im Rechte befindlich betrachtet werden müssen. Teilweise haben nun die Ärzte nachgegeben, z. B. in Zürich, wo als Modus für ein neues Medizinalgesetz von der Ärzteversammlung der Beschluß gefaßt wurde: „In Ortschaften, in welchen öffentliche Apotheken bestehen, ist dem Arzte die Verabfolgung von Arzneien aus seiner Privatapotheke, dringende Fälle ausgenommen, untersagt"[96]).

Homöopatische Hausapotheke. Während der approbierte Arzt ohne weiteres als befähigt erachtet wird, so ist dies beim homöopathischen Arzt in Deutschland nicht nur nicht der Fall, sondern die Dispensation außer an eine abzulegende Prüfung auch noch an weitere Bedingungen geknüpft (Pr. Reglement über die Befugnis der approbierten Medizinalpersonen zum Selbstdispensieren der nach homöopatischen Grundsätzen bereiteten Arzneimittel vom 20. Juni 1843). Für die Prüfungen und Einrichtung sind weiter nach Neumann die Verordnungen vom 23. September 1844 und vom 16. Dezember 1893 maßgebend.

Organisation und Aufsicht über die Hausapotheken. Im übrigen unterliegen die ärztlichen Hausapotheken generell allen Vorschriften, die für die öffentlichen Apotheken aufgestellt sind[97]) und sich hauptsächlich auf Schutz der öffentlichen Sicherheit beziehen (Vorschriften, betreffend Lokalitäten, Waren und Gerätschaften, Inventar; Drogen (Reinheit, Gehalt usw.), Buchführung (Rezepte, Giftangabe), Revision oder Visitation (Kontrolle, ob die Vorschriften befolgt).

Verbotene Abmachung. Eine Abmachung des Arztes mit einer Apotheke, ihr seine Patienten zuzusenden, gilt als unsittlicher und unzulässiger Vertrag und war schon im Medizinaledikt des Hohenstaufen Friedrich II. untersagt. (Apothekenbetriebsordnung § 38[99]).)

Es soll für den Patienten die freie Apothekenwahl bestehen. Nicht zu verurteilen erscheint der Fall, daß ein Arzt mit einer Apotheke eine Übereinkunft auf bestimmte Arzneimittel hat, die, außerhalb der Pharmapöe stehend, usuell nicht gehalten werden, und die die Apotheke nur für diesen Arzt führt in Hinsicht darauf, daß dieser das Medikament verschreibt und den Patienten sagt, daß es nur da und da

---

[95]) Neumann, l. c. S. 66.

[96]) Korr.-Bl. 1909, S. 137.

[97]) Z. B. Zürich, Verordnung v. 19. Febr. 1857. Gesetzes-S. XII, S. 182ff.

[98]) Joachim und Korn, S. 294. (Auch die Entnahme der Medikamente aus einer öffentlichen Apotheke.)

[99]) Zitiert in der Einleitung S. 6.

erhältlich sei, wenn er in allen andern Fällen sich einer Empfehlung dieser Apotheke enthält.

Kurierverbot für den Apotheker. Für den Apotheker besteht ein Kurierverbot, sei es von Standes wegen, sei es, wie durch die Apothekenbetriebsordnung § 37 ausdrücklich gesetzlich festgelegt Dieses Verbot stellt das Äquivalent für das Selbstdispensationsverbot dar: Schuster, bleib bei deinem Leisten! Der Apotheker, der berufsmäßig sich mit der Behandlung von Krankheiten abgibt, verletzt die besonderen Verpflichtungen seines Berufes[100]). Dennoch kommt der Fall häufig vor, daß der Apotheker sich gegen diese Norm vergeht, nicht weil er sich zur Behandlung von Kranken aufdrängt, sondern weil er vom Publikum der Einfachheit halber konsultiert wird, „weil er es" — nach allgemeinem Urteil — „auch wissen muß" und man das Mittel

---

[100]) Fall X. Ein Apothekerassistent wurde zu 20 M. Geldstrafe verurteilt, weil er einem Patienten auf subjektive Klagen hin eine Diagnose gestellt und den Betreffenden falsch — die Diagnose stimmte nicht — behandelte. Der nachher zugezogene Arzt erstattete Anzeige (Ph. Ch. 1910, S. 61; Apoth.-Ztg. 1909, Nr. 78).

Hier rollt sich gerade das Problem auf, ob nicht den Apothekern verboten werden sollte, speziell für geschlechtliche Krankheiten Mittel ohne Vorschrift auf bloßen Wunsch nach einem Mittel abzugeben; denn nach Erfahrung liegt gerade darin eine Gefährdung der allgemeinen Sicherheit und Gesundheit, daß Geschlechtskranke keine sachgemäße Hilfe erhalten oder nachsuchen. Gerade in diesem zitierten Fall hatte sich der Patient geschämt, sich von Anfang an dem Arzte anzuvertrauen. Wohl aber dem Apothekergehilfen!

Vgl. auch Joachim und Korn, l. c. S. 288.

XI. Betreffend Bestrafung medizinierender Apotheker vgl. unter „Kurpfuscherei", ferner M. M. W. 1910, S. 55. Fall Weinert in Köln. Ferner Ph. Ch. 1910, S. 220. Ein Apotheker hatte einer Frau eine Lösung von 35 g Bromsalzen als Schlafmittel abgegeben. Diese trank die ganze Lösung und starb. Von der Anklage wegen fahrlässiger Tötung wurde er freigesprochen, dagegen aus § 367, 3 RStGB. verurteilt (Abgabe von Giften). Pharm. Ztg. 1910, Nr. 7.

XII. Wegen Abgabe von Chloroform an eine ihm als zuverlässig bekannte Privatkrankenschwester, wurde ein Apotheker von der Kölner Strafkammer des Landgerichts verurteilt (§ 367, 3), nachdem er zuerst wegen fahrlässiger Tötung unter Anklage gestellt wurde. Die Krankenschwester hatte das Chloroform zum Selbstmord benutzt.

Der Apotheker handelt unklug, ja fahrlässig, wenn er bei Magenbeschwerden oder Durchfall Baldrian, Wismut oder Opiate abgibt; denn er kann nicht wissen, ob nicht die Beschwerden auf lebensgefährdende Erkrankungen zurückzuführen sind: Ulcus ventriculi, Carcinoma, Dysenterie, Cholera oder Typhus. Nur dann, wenn der Patient auf irgendwelcher Basis selbst eine Diagnose angibt und ein bestimmtes Medikament verlangt, dann soll der Apotheker ihm ein solches im Rahmen seiner Befugnisse abgeben. Beispielsweise: Ich bekomme bei einem Ritte einen Anfall von Durchfall und verlange in einer Apotheke 20 Tropfen Tinct. Opii simpl. i. Wasser, dann handelt der Apotheker durchaus korrekt, wenn er mir dieses Quantum abgibt. Dagegen erscheint es als unstatthaft, einem Patienten, der etwas bestimmtes verlangt, etwas anderes, besseres an zu empfehlen und ihn zu dessen Abnahme zu veranlassen.

XIII. Ein Apotheker hatte einem Patienten auf die Anfrage nach einer bestimmten Flechtensalbe eine andere angeraten, ohne selbst zu wissen, was sie enthielt. Idiosynkrasie des Patienten und Ekzem: die Salbe enthielt ein Hg-Präparat. Apotheker, die ein Ersatzpräparat an Stelle eines namengeschützten abgeben, sind strafbar. Entsch. des Reichsger. vom 21. Februar 1911. Auch Diehl, l. c., zieht gegen diese Mißstände zu Felde. (M. M. W. 1911, S. 549.)

dort sogleich bekommt. Man spart zugleich das Ärztehonorar. — Es ist dies kein Verschulden, wenn beispielsweise der Apotheker auf spezielle Klagen hin ein Läusemittel oder ein Zahnwehmittel, ein Wurmmittel, ein Fußpulver oder dergleichen nach Gutfinden abgibt, wohl aber ist es unentschuldbar, wenn er auf subjektive Klagen hin eine Diagnose stellt, auf Grund deren er die Mittel abgibt. Es ist ihm also das Ableiten einer Diagnose aus Klagen verboten, er hat diesfalls den Patienten zum Arzt zu senden. Ein solches Diagnostizieren verstößt, wenn nicht ein Fahrlässigkeitsdelikt vorliegt, zum mindesten sehr gegen die guten Sitten und gegen die Standesposition.

Haftung für Fahrlässigkeit. Der Apotheker ist für Fahrlässigkeit in gleicher Weise und in gleichem Umfange haftbar wie der Arzt, wenn durch seine Fahrlässigkeit ein Unglücksfall eintritt[101]). Das gleiche gilt auch für den Drogisten.

Die Abgrenzung des ärztlichen Berufs von dem des Zahnarztes.

b) Zahnarzt.

Die Streitpunkte sind auch hier, ähnlich wie beim Apotheker die Übergriffe, die von beiden Seiten begangen werden. Es wird die Frage aufgeworfen, ob der approbierte Arzt auch zahnärztlich tätig sein dürfe? Ob der Arzt sich ohne weiteres auch Zahnarzt nennen dürfe? Ob und wie weit der Zahnarzt sich mit Krankenbehandlung befassen soll?

Arzt in zahnärztlicher Funktion. Wenn wir die Approbation des Arztes betrachten, so müssen wir ohne weiteres erklären, daß der Arzt dieselbe für die Behandlung des gesamten kranken Menschen erhielt und somit Mund und Zähne auch inbegriffen sind. Man kann somit nicht wie Neumann (l. c. S. 36) von einer Approbation für Spezialfächer, von Zahn- und Tierärzten sprechen, sondern kommt zu einer ganz anderen Einteilung.

Abgrenzung. Arzt generell für alle Funktionen approbiert.

Teilärzte.	Spezialärzte.
Zahnärzte.	Spezialisten.
(Hebammen,	(Zahnärzte.)
Chirurgen, Wundärzte)	

Der Vollarzt ist zu allen ärztlichen Funktionen berechtigt, ebenso der Spezialist für spezielle Gebiete, da er die volle Approbation besitzt, sowie der Arzt, der sich entweder mit oder ohne zahnärztliche Appro-

---

101) XIV. So verurteilte ein Hamburger Gerichtshof einen Drogisten, der einer Frau statt Bittersalz (Natr. sulfuric.) ein gleiches Quantum Salpeter (Natr. nitric.) verabfolgte, wegen der dadurch hervorgerufenen geringen Beschädigung (Kratzen im Halse zu 50 M. Geldstrafe oder 10 Tagen Haft (Pharm. Ztg. 1910, Nr. 36, Ph. Ch. 1910, S. 632.)

XV. Amschl., „Apothekervergehen", berichtet in Groß. Archiv, Bd. XXI, von einem Apotheker, der statt Granatwurzelrindenextraktes Brechnußextrakt abgab und den Tod zweier Menschen verschuldete. Er wurde nach § 335 Österr. StGB. bestraft.

bation mit der Zahnheilkunde befaßt. Bestritten ist nur teilweise das Recht, sich als Spezialarzt für Zahnkrankheiten aufzutun.

Anders liegt die Sache beim Zahnarzt und der Hebamme. Zahnarzt und Hebamme sind nach unserer Ansicht arztähnliche Medizinalpersonen mit einer beschränkten Approbation für die Zahnbehandlung und die „kleine" Geburtshilfe. Immerhin ist der Unterschied der, daß die Hebamme dem Arzte subordiniert ist[102]), indes der Zahnarzt nur in bestimmten Fällen vom Arzte abhängig wird (Narkose). Im übrigen erscheint der Zahnarzt als selbständige Medizinalperson.

Titel. Der approbierte Arzt kann also ohne weiteres als berechtigt betrachtet werden, die Zahnheilkunde auch auszuüben[103]), soweit er sich hierfür befähigt erachtet. Jedoch erscheint der Gebrauch des Titels „Zahnarzt" ohne zahnärztliche Approbation als unstatthaft, da derselbe für den Zahnärztestand reserviert werden soll[104]), als durch rechtmäßige Approbation erworben.

Spezialarzt. Wenn sich nun aber ein Spezialarzt als „für Zahn- und Mundkrankheiten" auftut, dann muß man ihn, vorbehaltlich der speziellen Vorschriften, als hierzu berechtigt betrachten, selbst wenn die Zahnärzte dies als Kurpfuscherei betrachten und gar Gerichte in diesem Sinne entscheiden sollten, wie dies beim Dresdener Landgericht geschah, dessen Entscheid aber später durch das Oberlandesgericht aufgehoben wurde[105]). (Peiper, l. c. S. 9.)

Erwerb der zahnärztlichen Approbation. Es ist jedoch für den Arzt nicht schwer gemacht, die zahnärztliche Approbation ebenfalls zu erlangen, da ihm meistens ein Teil der Prüfungen erlassen wird. In Deutschland gilt hierfür die Prüfungsordnung für Zahnärzte vom 15. März 1909, welche in § 53 die Sonderbedingungen für Ärzte normiert. Es ist somit die Zulässigkeit des ärztlichen Zahnspezialisten anerkannt.

Berufskreis. Die Frage wie weit der Zahnarzt seine Behandlung erstrecken dürfe, ist bisher kaum aktuell geworden, da selten ein Zahnarzt sich über sein Gebiet hinaus betätigen wird[106]). Es wird beispielsweise wohl keinem Zahnarzte einfallen, bei seinem Patienten eine antiluetische

---

[102]) Vorausgesetzt, daß ein Arzt in Funktion tritt. Sonst ist aber auch die Hebamme selbständig.

[103]) Fürst, l. c. S. 59.

[104]) Peiper, l. c. S. 9.

[105]) XVI. Dr. Br. für Zahn- und Mundkrankheiten. M. M. W. 1905, 1422. Das Reichsgericht erklärte mit Urteil vom 20. Dez. 1910 den Titel: Dr. med. . . ., Zahnarzt, approbiert in Wien, als unzulässig, ohne jedoch in der Führung eine Fahrlässigkeit strafbarer Art zu erblicken. M. M. W. 1911, S. 230.

Neuerdings wurde allerdings von der nämlichen Instanz ein gegenteiliger Entscheid gefällt (Mai 1910) und ein Arzt verurteilt, der sich geschrieben hatte: Dr. med. . . ., appr. Arzt, Spezialist für Mundkrankheiten, Zahnkrankheiten, Zahnersatz. Flügge, D. M. W. 1910, S. 2204.

[106]) XVII. „Garantiert schmerzloses Zahnziehen" wird als unlauterer Wettbewerb aufgefaßt. Urteil des RGer. vom 11. III. 1910. M. M. W. 1910, S. 726.

XVIII. „Schmerzloses Zahnziehen" ist unlauterer Wettbewerb. Reichsgericht, Entscheid. v. 13. Dez. 1910.

Behandlung durchzuführen, wenn er syphilitische Mundaffektionen entdecken sollte, sondern er wird den Betreffenden dem ordentlichen Arzte zusenden. Andererseits wird der Arzt sich nicht auf die Zahnarztoperationen, Prothesen, Goldkronen usw. einlassen, sondern sich auf die Extraktion und die konservierende und schmerzstillende Behandlung beschränken.

Als Grundsatz wird ohne weiteres anerkannt werden, daß sich der Zahnarzt auf das zu beschränken hat, worauf seine Approbation lautet, daß der Arzt anderseits nicht zahntechnische Arbeiten ausführen soll.

Die Zahnärzte genießen im allgemeinen die nämlichen Rechte wie die approbierten Ärzte, insbesondere das Recht der Freizügigkeit (Schweiz, Art. 33 B.V. und Gesetz, betreffend die Freizügigkeit der Medizinalpersonen, vom 19. Dezember 1877, ausgedehnt auf die Zahnärzte 21. Dezember 1886)[107]).

Immerhin kann sich der Zahnarzt auch durch unbefugtes Abgeben von Medikamenten straffällig machen.

XIX. Ein Zahnarzt hatte einem Patienten zur Stillung der Schmerzen Antipyrin und 0,05 g Morphium in die Hand gegeben, wie er behauptet, mit der Weisung, der Patient solle erst das Antipyrin und, wenn dieses nicht helfe, auch das Morphium, davon aber auf einmal nur die Hälfte verwenden. Der Patient nahm alles Morphium und starb. Der Zahnarzt wurde, weil er die genannte Warnung nicht glaubhaft machen konnte, wegen fahrlässiger Körperverletzung zu 250 M. Geldstrafe verurteilt.

Ebermayer, D. M. W. 1912, S. 613.

c) Tierarzt.

Eine Notwendigkeit, den Tierarzt in diese Darstellung einzubeziehen, besteht nicht. Heute ist eine Abgrenzung nicht mehr dermaßen nötig wie in früheren Zeiten, als man den Tierarzt in gleicher Weise für Menschen und Tiere anrief.

Der Tierarzt genießt nur als wissenschaftliche Berufsart Gleichberechtigung mit den Medizinalpersonen, gleichmäßig mit Bezug auf Zulassung, Freizügigkeit.

Heute wird es wohl kaum Tierärzte geben, die sich mit Menschenbehandlung befassen; dennoch ist auch hier der leitende Grundsatz wie für die übrigen Approbationspflichtigen: Beschränkung auf das Gebiet, auf das die Approbation lautet.

Der Beruf des Tierarztes ist dem des Arztes koordiniert: Arzt — Apotheker — Tierarzt.

Bedingt subordiniert: Zahnarzt im Falle der Vornahme von Narkosen; Hebamme, sobald der Arzt mit ihr zusammen in Funktion tritt.

d) Die Hebamme.

Beruf. Der Beruf der Hebamme (Wehmutter, Sage femme, Obstetrix) steht eigentlich außerhalb desjenigen Berufes, der als von Medizinalpersonen auszuüben bezeichnet wird, die sich durch Approbation

[107]) B.-Bl. 1886, III, S. 915 ff.; 1887, I, S. 514.

kennzeichnen; er ist aber auch nicht als bloßer Hilfsdienst aufzufassen[108]), da er innerhalb gewisser Schranken selbständig ausübbar ist und nur in bestimmten Fällen sich dem Arzte unterzuordnen hat. Unbedingt ist nach unserer Ansicht die Hebamme eine Medizinalperson mit sachlich begrenztem Ausübungsgebiet, nämlich dem der normalen Geburtshilfe als Zweig der dem Arzte zustehenden Geburtshilfe überhaupt. Sie ist für dieses Gebiet im Rahmen der ihr nach abgelegter Prüfung übertragenen Befugnisse selbständig, als Berechtigte für einen Teil der Heilkunde, und ist somit zwischen Arzt und ärztlichem Hilfspersonal, welch letzteres keinerlei selbständige staatlich verliehene Funktionen hat.

Ausbildung. Der Staat übernimmt die Ausbildung der Hebammen an den staatlichen Entbindungsanstalten (Universitätsfrauenkliniken, Gebäranstalten usw.). Er stellt Zulassungsbedingungen auf; zum Kursus[109]): Alter, körperliche und moralische Eigenschaften usw.[110]), zum Beruf: absolvierter Kursus, abgelegte Prüfung, Vereidigung.

Verpflichtung, sich ev. Nachprüfungen und Nachkursen zu unterziehen (Aufsicht durch Medizinalbeamte).

(Kantonale Medizinalgesetze, Hebammenordnungen usw.)

Das Recht der Freizügigkeit der Medizinalpersonen genießt die Hebamme nicht, ihre Stellung ist in Bundesstaaten einzelstaatlich geregelt, so daß eine Zulassung zum Berufe nur für den Staat gilt, von dem sie erworben ist. (Deutschland: Bundesstaat, Schweiz: Kanton.) Beschränkte Grenzpraxis zwischen den Bundesstaaten besteht (vgl. unter Grenzpraxis S. 28).

Hebammen unterstehen bestimmten Berufspflichten, teils wie die Ärzte, teils in vermindertem oder vermehrtem Maße.

Berufszwang. Typisch ist für sie der für den Arzt nicht bestehende Berufszwang. (Pflicht zur Berufsausübung in jedem Fall.)

In gleicher Weise gelten für sie wie für den Arzt die Bestimmungen über

Berufsgeheimnis,
Anzeigepflicht bei Geburten und Verbrechen,
Verantwortlichkeit aus Körperverletzung und Tötung,
Im weitern kommen die speziellen Delikte:
Abtreibung, Beseitigung von Leichen, Unterschiebung usw.

für die Hebammen vornehmlich in Betracht.

Verhältnis zum Arzt. Das Verhältnis der Hebamme zum Arzt ist abhängig vom konkreten Fall. Liegt eine normale Geburt vor, dann bleibt sie kompetent, dieselbe allein durchzuführen (vorbe-

---

[108]) Wie er von Joachim und Korn behandelt wird.

[109]) Lehrbuch für Hebammen v. Leopold und Zweifel, Leipzig 1902, S. 2.

[110]) XX. Einer Hebamme wurde das Prüfungszeugnis entzogen, da ihr fortgesetzter außerehelicher Geschlechtsverkehr nachgewiesen wurde, da eine Hebamme einen unbescholtenen Ruf in geschlechtlicher Beziehung haben müsse.

Preuß. Oberverwalt.-Gerichts-Entscheid. v. 11. Jan. 1912; vgl. Ebenmayer, l. c. 1912, S. 2322.

haltlich spezieller Wünsche der Kreißenden oder deren Ehemann auf Zuziehung eines Arztes). In den schweren Fällen hat sie den Arzt rufen zu lassen (nicht nach eigener Wahl, sondern nach dem der Auftraggeber) und hat sich dem zugezogenen Arzte zur Verfügung zu stellen für alle von diesem angeordneten Hilfeleistungen[111]). Im Falle der Not, d. h. nicht rechtzeitigem Erscheinen des Arztes ist sie zu gewissen fest umschriebenen (meist im Hebammenlehrbuch bezeichneten) Hilfeleistungen befugt. So auch teilweise zur Vornahme der Nottaufe (Peiper l. c. 48).

Anzeigepflicht. Die Anzeigepflicht der Hebammen besteht für:

1. normale Geburten (zivilstandesamtlich und subsidiär, wenn nicht jemand anders sie vornimmt);
2. Totgeburten von 6 Monaten an (zivilstandesamtlich);
3. Tod der Mutter, an den nächsten Arzt oder Amtsarzt (Kreis-Bezirks-, Gerichtsarzt) (sanitätspolizeilich, betreffend Leichenschau!);
4. Verbrechen und Versuche von Verbrechen (Abtreibung, heimliche Geburt, Verheimlichung der Schwangerschaft), Peiper, l.c. S. 48. (Von uns wird diese Anzeigepflicht unter Vorbehalt bestritten, da sie einen Bruch des Berufsgeheimnisses darstellt);
5. ansteckende Krankheiten, besonders Kindbettfieber (sanitäts-seuchenpolizeilich).

Diese Anzeigepflicht ist ebenfalls im Zusammenhang mit dem Berufsgeheimnis zu erwähnen, da sie nicht ohne weiteres damit vereinbar ist.

Zulässigkeit des Kurierverbotes. Endlich muß das Verhältnis zum Arzte in bezug auf Ausübung der Heilkunde besprochen werden. Generell besteht für die Hebammen ein Kurierverbot, soweit dies nicht durch allgemeine Kurierfreiheit ausgeschlossen ist. Dagegen ist die Frage kontrovers, ob dieses Verbot nicht entgegen dem Freigabeprinzip für die Hebammen im Anstellungsvertrag (soweit ein solcher in Frage kommt) oder im Prüfungszeugnis, oder in der Verordnung, sowie durch bloße Vereidigung stipuliert werden könne. Wir möchten die Frage dahin beantworten: der Staat macht die Ausübung gewisser Berufe von spezifischen Bedingungen abhängig[112]), also ist er auch ohne weiteres berechtigt, diese Bedingungen durch Einschränkungen allgemeiner Rechte festzusetzen, da dem in Frage kommenden Individuum immer noch der Weg offen steht, zwischen Freiheit und Gebundenheit auszuwählen. Es erscheint also die Ausschaltung der Kurierfreiheit für Hebammen vom staatlich negativen Interesse an der Vermehrung der berufsmäßigen Heiler aus als gerechtfertigt und zulässig.

Der Hebammenberuf bringt die Versuchung mit sich, berufsmäßig heilen zu wollen, und darum sei die staatliche conditio sine qua non: Heil- und Kurierfreiheit oder Ausübung des Hebammenberufes ohne

---

[111]) Peiper, l. c. S. 48.

[112]) Sicherheits- und gesundheitspolizeiliche Art neben fiskalischen.

weiteres im Interesse der Sorge für die gebärenden Frauen und damit der staatlichen Bevölkerungspolitik direkt geboten. Die Frau intra partum mit verminderter Zurechnungsfähigkeit wäre allzustark dem Einfluß der staatlich anerkannten Hebamme, die private Heilkunst betriebe, ausgesetzt.

Übergriffe als Abtreiberin. Übergriffe von seiten der Hebamme, Überschreitung ihrer in Verordnungen, Hebammenbüchern usw. niedergelegten Kompetenzen sollten strenge Ahndung finden, denn sie gefährdet bei Ausübung der Heilkunde (vorbehaltlich des ihr zugewiesenen Gebietes) mehr als ein anderer Kurpfuscher. Auch ein stetes Augenmerk verdient die Hebamme mit Hinsicht auf die große Versuchung, zufolge ihrer Kenntnisse den künstlichen Abortus auszuführen, ein Gebiet, das ausschließlich dem Arzte, ja sogar dem Spezialisten vorbehalten sein soll. Abortus-Eingriffe der Hebammen sollten als qualifiziertes Delikt behandelt werden.

Berufskreis. Für die Hebamme gilt ebenfalls der Grundsatz: Beschränkung auf das, zu was sie zugelassen wurde. In allen andern Fällen, auch in zweifelhaften, hat sie den Arzt beizuziehen.

Strafbar erscheint die Hebamme, die einen Kurpfuscher beizieht oder dessen Beiziehung veranlassen würde.

Übergang des Hebammenwesens an den Bund. Der Versuch des Schweiz. Hebammenvereins, auf Unterstellung der Hebammen unter Art. 33 BV. und damit auch des Freizügigkeitsgesetzes zu dringen, wurde auf Antrag der Schweiz. Ärztekammer abschlägig beschieden, dagegen die Notwendigkeit von Reformen konstatiert[113]), speziell im Sinne einer besseren Ausbildung, Übernahme der Kosten für dieselbe durch Kanton oder Gemeinde, ökonomische Besserstellung durch Taxordnungen, Wartgelder, Versicherung gegen Unfall, Krankheit und Invalidität, Schutz vor illoyaler Konkurrenz. (Kurpfuscherei.)

Wir können uns aber immerhin der Ansicht nicht verschließen, daß eine Ordnung des Hebammenwesens von Bundes wegen eine viel gründlichere Nivellierung der Ausbildung, sowie einen viel bessern Schutz des Berufs zur Folge hätte und dem Stande am ehesten dasjenige geben würde, was ihm als arztähnlichem Beruf, als Inhaber eines Teils der Geburtshilfe, zukommt. Stiefmütterliche Behandlung des Hebammenstandes rächt sich an unsern Nachkommen, insbesondere der weniger begüterten Klassen. Wenn auch die Hebammen nicht ohne weiteres als ein Medizinalberuf im Sinne der „wissenschaftlichen" Berufsart, sondern eher als ein Handwerk (Beschränkung auf erlernbare Handgriffe und Hilfeleistung ohne wissenschaftliche Kenntnisse) zu betrachten ist und der Bund kein Recht besitzt, in diese Berufe auf Grund von Art. 33 BV. in der heutigen Fassung einzuwirken und sie zu unterstellen, so tut eine Regelung doch not.

---

[113]) Korr.-Blatt 1909, S. 214.

Es müßte durch Hebung des Hebammenstandes zu einer wissenschaftlichen Berufsart ein Zusatzartikel in die VB. eingefügt werden: „Der Bund ist zur Regelung des Hebammenwesens befugt“ (und sorgt dafür, daß Ausweise erworben werden können, die für die ganze Schweiz gültig sind).

Dann wäre es möglich, eine Vereinheitlichung der „niedern“ Geburtshilfe, insbesondere eine gleichmäßige Ausbildung mit höhern Anforderungen zu erreichen.

Haftbarkeit. Die Hebamme ist für nachweisbares Verschulden haftbar wie die übrigen Medizinalpersonen. Strenge Bestrafung kurpfuscherischer Tätigkeit ist gerechtfertigt.

XXI. Eine Hebamme hatte eine Frau, die an Uteruskarzinom litt, in Behandlung genommen. Als die Frau später, aber zu spät, in ärztliche Behandlung kam, starb sie. Die Hebamme wurde wegen fahrlässiger Tötung zu 8 Monaten Gefängnis verurteilt. (Reichsgericht, Strafsenat IV, Urteil vom 29. IX. 1911.) Das Verschulden wurde in dem Unterlassen der Aufklärung über Notwendigkeit sofortiger Operation und in der Übernahme der Behandlung erblickt.

XXII. Eine Hebamme wurde wegen fahrlässiger Tötung bestraft (Reichsgericht, IV. Strafsenat, Urteil vom 24. Mai 1912), weil sie Reste des Mutterkuchens zurückgelassen hatte (Ebermayer, l. c., D. M. W. 1912, S. 2322). In einem Falle, der sich am Zürichsee ereignete, wo ein Arzt die Placentarreste zurückgelassen hatte, so daß die Mutter an Pyämie zugrunde ging, erfolgte nicht einmal eine Anzeige.

II. Das ärztliche Hilfspersonal.

Je nach den Gesichtspunkten können wir unterscheiden zwischen ständigem und temporärem Hilfspersonal.

Umfang. Als ständiges Hilfspersonal haben wir zu betrachten:

1. Vertreter der niedern Chirurgie.
2. Masseure und Badediener, zusammen als teilweise selbständige Heilberufe[114]).
3. Heildiener, Operationsgehilfen.
4. Krankenpfleger und -pflegerinnen (Ordensangehörige, Schwestern und Diakonissen).

Als temporäres Hilfspersonal:

1. Vertreter der Rotkreuzvereine.
2. Samariter.
3. Autodidakten ohne Ausweise.

Ständiges und temporäres Hilfspersonal. Der Unterschied liegt hier in der berufsmäßigen Ausübung der ärztlichen Hilfeleistung bzw. Krankenpflege; das ständige Hilfspersonal hat die Hilfeleistung als Beruf ergriffen, während das temporäre Hilfspersonal auf Grund einer primitiven Ausbildung befähigt ist, in plötzlichen Krankheits- und Unglücksfällen die erste Hilfe zu leisten.

Je nachdem nun die Ausübung der Heilkunde frei oder nicht frei ist, ist auch die Hilfstätigkeit frei oder an Bestimmungen gebunden.

---

[114]) Eine scharfe Unterscheidung und Abgrenzung innerhalb der Heilberufe hat keinen praktischen Wert, da sie gekünstelt erschiene und mit der Wirklichkeit kollidieren müßte.

In Deutschland ist der Beruf frei, dagegen der Titel „staatlich geprüfter Heilgehilfe und Masseur“ an Bestimmungen geknüpft. Im Interesse eines vermehrten Zutrauens empfiehlt sich der Erwerb dieses Titels, der ein Fähigkeitszeugnis nach abgelegter Prüfung voraussetzt.

Heilgehilfen. Die Heilgehilfen in Deutschland sind der Aufsicht des Kreisarztes unterstellt, der auf Grund der Heilgehilfenordnung Revisionen, Prüfungen des Tagebuches, Nachprüfungen vornimmt, bzw. anordnet. Er kann auch bei Überschreitung der Berufsgrenzen den Entzug des Fähigkeitszeugnisses beim Regierungspräsidenten beantragen.

„Es ist den Heilgehilfen untersagt, selbständige Kuren vorzunehmen oder anzupreisen, Arzneien oder schmerzstillende narkotische Mittel abzugeben, selbständig anzuwenden oder anzupreisen, an der Berufstätigkeit des Arztes Kritik zu üben, einen Arzt vor dem andern vorzuschlagen oder in anderer Weise Kranke in der Wahl des Arztes zu beeinflussen.“

Berufskreis. Es steht diesen Heildienern und Heilgehilfen ein bestimmter Berufskreis zu, der nach oben genau abgegrenzt ist, dessen Übertretung den Verlust der Berufszulassung nach sich ziehen kann, ein Berufskreis, der, fest umschrieben, die Zuständigkeit regelt, die von verschiedener Tragweite sein kann. Die Zürcher Verordnung vom 15. August 1857 läßt bloß Aderlaß, Schröpfen und Ansetzen von Blutegeln sowie Zahnziehen zu, kann also als Baderordnung betrachtet werden, währenddem die deutsche Verordnung den Heilgehilfen eine viel weitere Kompetenz einräumt.

Die Gehilfen unterstehen in Deutschland dem Berufsgeheimnis.

Warte- und Pflegepersonal. Ebenso nötig ist auch eine Abgrenzung gegenüber dem Warte- und Pflegepersonal, den Schwestern und Diakonissen, die in Krankenhäusern meist auch als Operationshilfen beigezogen werden.

Für die Krankenpflegen bestehen katholische und evangelische Orden (in der Schweiz Ingenbohl-Schwestern und Rotkreuz-Schwestern, Anstalten, vom Bunde unterstützt, mit Verpflichtung, das Personal im Kriegsfalle an den Sanitätsdienst abzugeben; in Deutschland Maltheser, in Preußen und Österreich Johanniterorden [protest. Orden mit Anstalten in Beirut und Jerusalem],[115]) Beguinen in Belgien) — Diakonissen (gegr. 1836 in Kaiserwerth von Fliedner), Mitglieder des Diakonievereins).

Diese speziell für den Krankenpflegedienst ausgebildeten Körperschaften geben ihr Personal an die Spitäler und Krankenhäuser für den Pflegedienst ab und unterstellen sie den betreffenden Ärzten. Sie haben sich also ebenfalls den Ärzten unterzuordnen und sich in Berufsausübung an die ihnen (meist im Ordensstatut) gestellten Grenzen zu halten.

---

[115]) Der Johanniterorden oder Maltheserorden spaltet sich in verschiedene Zweige, deren einer evangelisch ist (Ballei Brandenburg). Letzter sowie das Großpriorat von Böhmen befassen sich ganz speziell mit der Krankenpflege.

Morphinismus. Medikamentismus. Ein großes Augenmerk ist auf das ständige Hilfspersonal, besonders noch in Hinsicht auf die Prädisposition für den Morphinismus zu halten, da sie der Gelegenheit zur Erwerbung dieser gefährlichen Manie oft in nur allzugroßem Maße ausgesetzt sind. Und nicht nur der Morphinismus kann in Betracht kommen, sondern der Medikamentismus überhaupt, habitueller Genuß oder Gebrauch von Arzneien: Äther, Chloroform[116]), Kokain, Veronal, Vanillin usw.

Temporäres Hilfspersonal. Einen ganz andern Maßstab haben wir an das temporäre Hilfspersonal, die Samariter- und Rotkreuzvereine anzulegen. Diese sind seit Inkrafttreten der Genfer Konvention auf den Kriegsfall, sowie auch auf Hilfeleistung bei plötzlichen Unglücksfällen im Frieden hin gegründete freiwillige Vereine (in Deutschland: Roter-Kreuz-Verein und Genossenschaft freiwilliger Krankenpfleger im Kriege, Deutscher Samariter-Verein (gegründet von Esmarch 1881 in Kiel); in der Schweiz: Schweizerischer Samariterbund und Verein vom Roten Kreuz). Man vergleiche hierzu die in der „Vollziehungsverordnung zum Bundesbeschluß vom 25. Juni 1903 betreffend die freiwillige Sanitätshilfe zu Kriegszwecken" vom 30. Dezember 1903 niedergelegten Bestimmungen:

Mindestens $2/3$ des Personals dem Bunde diesfalls zur Verfügung zu stellen, Ausbildung nach aufgestellten Grundsätzen, Ausbildungsbeihilfe für Hilfsdienstkurse — sind die Hauptpunkte, die vom Bunde den zu subventionierenden Anstalten vorgeschrieben sind. (Amtl. Samml. B. Ges. und Verord., Bd. 19, S. 817.)

Arzt und Samariter. Der Unterricht wird den Teilnehmern am Kurse durch approbierte Ärzte erteilt und am Schluß der Ausbildung ein Ausweis über die Fähigkeit, bei Unfällen usw. die erste Hülfe zu leisten, ausgestellt. Im speziellen aber sind diese Freiwilligen für den Kriegsfall zur Bildung von Transportketten und zur Unterstützung der Militärsanität bestimmt und unterstehen so den Schutzvorschriften der revidierten Genfer Konvention (vom 6. Juli 1906, Art. 10 und § 11).

Es ist nicht zu bestreiten, daß viele Ärzte dem Samaritertum skeptisch gegenüberstehen und es, teilweise mit Recht, als ein Sprungbrett zum Berufsheiler- und Kurpfuschertum betrachten[117]). Obwohl für den Samariter die Pflicht besteht, bloß die erste Hilfe zu leisten, nicht aber die Behandlung des so Verunfallten zu übernehmen, so ist der Fall doch schon häufig, daß sie es dennoch tun, nicht mit dem Willen, den Arzt zu schädigen, sondern aus bloßem Altruismus. Es entsteht also für den Arzt ein Erwerbsausfall (der Samariter darf nichts annehmen) und die Gefahr, daß er nachher die Behandlung eines verpfuschten Patienten zu übernehmen hat. Wenn nun auch diese Gefahren

---

[116]) Vgl. Storath, Habitueller Chloroformmißbrauch. D. M. W. 1910, S. 1363. Ferner den unter Apotheker zitierten Fall des Chloroformselbstmordes einer Privatkrankenschwester, vgl. S. 47, Fall XII.

[117]) Vgl. auch Mory, l. c. S. 87/88.

bestehen, und es gibt für den Samariter keine strafrechtliche noch polizeiliche Norm, die es ihm verbietet, so zu handeln, so kann man doch behaupten, daß der verursachte Schaden zu minimal ist, im Verhältnis zum großen Nutzen der Institution als solcher[118]).

Samariterkompetenz. Für den Samariter aber besteht die Norm: Kranke sind nur so weit zu behandeln, um sie aus unmittelbarer Lebensgefahr zu befreien, und nur solange, als der sofort zu rufende Arzt nicht zur Stelle ist.

Bei dessen Eintreffen hat sich ihm der Samariter als Hilfe zur Verfügung zu stellen.

Weitere Verpflichtungen oder Rechte hat der Samariter nicht, die Frage, ob er dem ärztlichen Geheimnis unterstellt werden solle, wollen wir hier verneinen und sie andern Orts einer näheren Betrachtung unterziehen.

Das Samariterwesen ist eine Institution, die vom Ärztestand noch zu wenig im Kampfe gegen das Kurpfuschertum verwendet wird, so leicht könnten Samariter als Kämpfer ausgebildet werden und wären so imstande sehr viel Gutes zu leisten. Daß auch die Leitung des Samariterwesens mit bestem Willen gegen die pfuschenden Heiler zu Felde zieht, beweist der Eifer, mit dem das „Rote Kreuz" (Organ des Schweiz. Zentralvereins vom Roten Kreuz) die Publikationen gegen das Kurpfuschertum zur Aufklärung reproduziert (vgl. z. B. Nr. 9, 1912).

Autodiktaten ohne Ausweise. Die Fälle, daß der Arzt auf die Hilfe von Personen angewiesen ist, die weder ständiges Hilfspersonl noch ausgebildete Laien sind, sind nicht selten.

Speziell bei Frakturen und dergleichen ist er auf derartige Hilfe absolut angewiesen.

In diese Klasse gehören zumeist auch die Ärztefrauen und das ärztliche Dienstpersonal.

In Frage kommen diese Personen rechtlich nur da, wo sie sich Übergriffe zuschulden kommen lassen, auch in guter Absicht (Ärztefrauen), und bei der Frage der Geheimhaltung bekannter Tatsachen aus der Behandlung. —

b) Nach innen.

Berufsabgrenzung gegen innen ist eine Angelegenheit, die bei dem hohen ärztlichen, ethischen Sollbestand nicht zur Sprache kommen sollte; denn daß man zwischen Arzt und Arzt Grenzen aufstellen muß, ist ein betrübendes Zeichen für gewisse ärztliche Elemente. Und dennoch ist es nötig, einesteils wegen des Spezialistentums im allgemeinen,

---

[118]) XXIII. Ein drastisches Beispiel mangelnder Samariterhülfe erinnern wir uns in einem Samariterbuch von Dr. Bernhard, Samaden, gelesen zu haben: „Bei einer Gletschertour zerschnitt sich ein Bergführer die Armschlagader am Handgelenk und mußte, da weder er, noch irgendwer von der Karawane mit der ersten Hilfe durch Esmarchsche Ligatur bekannt war, auf dem Gletscher elend verbluten!" Dieses klassische Beispiel illustriert nach unserer Ansicht am besten die Notwendigkeit der Samariterausbildung.

dann aber auch wegen unlautern Spezialistentums und unlauterer Elemente des ärztlichen Standes überhaupt.

I. Verhältnis zum Medizinstudenten.

Das Verhältnis des Arztes zum Medizinstudenten, dem werdenden Kollegen, ist usuell ein durchaus kollegiales, teilweise ist eine Vertretung des Arztes durch einen cand. med. in höheren Semestern zulässig. (Im Kanton Zürich von Fall zu Fall Genehmigung durch die Direktion des Gesundheitswesens.) Im allgemeinen aber darf die Vertretung nur durch einen approbierten Arzt stattfinden, insbesondere in Deutschland (Verbot der Vertretung durch Studenten und Kandidaten der Medizin durch Verordnung des preußischen Medizinalministers vom 25. März 1904 sowie durch § 7 der sächsischen Standesordnung. Peiper, l. c. S. 27.)

Erwähnenswert erscheint hier ein Entscheid durch den Strafsenat des Oberlandesgerichts Köln am 17. Februar 1906.

XXIV. Ein Hautkrankheiten-Spezialist hatte einen cand. med. als Vertreter engagiert und demselben Blanko-Rezepte ausgestellt. Dieser gerierte sich als Spezialarzt.

Beide wurden wegen Betrugs verurteilt. (M. M. W. 1906, S. 486.)

Jedoch kann der Mediziner als Student als temporäre Hilfsperson (bei Unglücksfällen) sowie direkt als Gehilfe, als Teilnehmer (Hörer oder Praktikant) an den Kliniken auftreten und ist in diesem Falle aus § 300 R. St. G. B. wegen Bruch des Berufsgeheimnisses verantwortlich.

Im übrigen soll aber der Medizinstudent keine private Heiltätigkeit entfalten und sich, von Notfällen abgesehen, jeder Behandlung enthalten. Er kann also als auf gleicher Stufe mit dem Samariter stehend betrachtet werden.

Nicht berechtigt erscheint es, wenn man dem höhern Mediziner-semester eine beschränkte Approbation durch das Strafgesetz zugestehen will, indem man zum Zweikampf als „Ärzte zugezogene Personen", sogenannte „Paukärzte" formuliert, wie Ebenmayer l. c. es tut[119]).

II. Arzt und Spezialarzt.

Entstehung des Spezialistentums. Der Spezialist oder Spezialarzt ist keine Errungenschaft der Neuzeit, wir haben bereits andern Orts gezeigt, daß die Ägypter ein nur zu hochentwickeltes Spezialistentum besaßen. Die Spezialisten sind ein Produkt des städtischen Zusammenlebens und auch heute noch im wesentlichen an die Städte gebunden. Ihre Zahl ist eine sehr bedeutende, nach Hundshagen[120]) in Deutschland 1901 bereits einAchtel der gesamten Ärzteschaft.

Definition. „Unter einem Spezialisten ist ein Arzt zu verstehen, der sich neben der allgemein ärztlichen Bildung durch besondere wissen-

[119]) Privilegiertes Studententum, das eine Rechtsungleichheit bedeutet!
[120]) l. c.

schaftliche und praktische Vorbildung auf einem bestimmten Gebiet der Heilkunde eingehende Kenntnisse erworben hat, welche weit über die des praktischen Arztes hinausgehen und den Träger des Titels befähigen und berechtigen, als Autorität in diesem Fache von Kollegen angesehen zu werden." So definiert Hullmann den Spezialarzt[121]).

Obwohl diese Definition etwas stark kautschukartig dehnbar ist, fixiert sie für uns doch einige Normativpunkte:

1. ärztlich abgeschlossenes Studium,
2. dazu hinzu (nicht an Stelle!) ein spezielles Fachstudium,
3. dadurch erworbene weitgehende Kenntnisse, die
4. ihn den Kollegen als Autorität in seinem Fache erscheinen lassen.

Pseudospezialist. Diesem von den Kollegen als Autorität anerkannten Spezialarzt steht gegenüber der Pseudospezialist (Fürst, l. c. S. 53), der Sechswochenspezialist (Peiper, l. c. S. 7), der „Spezialist" (Michalski, l. c. S. 395). [Neumann nennt mit Unrecht als Spezialärzte Zahnärzte und Tierärzte, l. c. S. 36 und 37 (vgl. dieselben S. 42 u. 48).]

Diese Art Spezialisten erachtet sich als genügend qualifiziert, um sich nach schon ganz kurzem Studium an einer Spezialabteilung einer Klinik als Spezialarzt zu etablieren. Ja, es soll vorkommen, daß sich einer als Universalspezialist auftut — und — Glauben findet! (Fürst, l. c. S. 53.)

Ärztliche Forderungen an den Spezialarzt. Wenn auch das Spezialistentum als eine durchaus berechtigte Erscheinung angesehen werden muß, so kann man oder muß man vom ärztlichen Standpunkte derartige Auswüchse bekämpfen. Und sekundär hat auch der Staat ein Interesse daran, daß sich nicht einer als Arzt auftue, um an seiner Klientel sich erst zum Spezialisten und Routinier auszubilden. Dieses Interesse aber durch Errichtung einer Approbation für Spezialärzte (die zit. Ansicht von Neumann muß fallen gelassen werden!) zu dokumentieren, ist bis heute noch nicht verwirklicht und bildet unter den Ärzten selbst einen Streitpunkt, da die einen Prüfungen verlangen, (Karger, l. c S. 2047, D. M. W. 1908, S. 69 fordert sechsjährige allgemeine Praxis und drei bis vier Jahre Spezialstudium) oder dem Spezialarzte die allgemeine Praxis verbieten wollen (Hamburger Standesordnung von 1896 § 23, auch Westfalen), andere wieder sich dagegen sträuben, „da es nicht wünschenswert sei, wenn in den medizinischen Stand hinein gesetzlich viel regiert werde" (Michalski), oder direkt eine Ausbildung jedes Arztes auf spezialistischem Gebiete wünschen wie Feilchenfeld[122]).

Freigabe des Spezialistentums. Ein Eingriff des Staates ist auch in Preußen nicht erfolgt, der darum angegangen wurde, sondern es hat derselbe am 15. Juli 1908 nach Fürst die Angelegenheit als ärztliche Standesfrage zurückgewiesen.

---

[121]) Peiper, l. c. S. 7. Fürst, l. c. S. 52.
[122]) M. M. W. 1903.

Auch der XX. Deutsche Ärztetag kam zu diesem Ergebnis und hat davon abgesehen,

1. die besondere Spezialistenprüfung,
2. das Verbot des Titels Spezialist zu proponieren[123]).

Auch Amerika wendet sich gegen ein Verbot der Ausübung allgemeiner Praxis, das eine technische Routine züchtet, den allgemeinen Überblick erschwert und den Arzt zum Handwerker herabsetzt. Es wäre auch hart, wenn der Arzt sich dessen, was er in 10 Semestern erworben ohne Anwendungsmöglichkeit entäußern müßte. Auch für das Publikum muß die Möglichkeit bestehen, den approbierten Arzt und Spezialarzt bei einem Notfalle in seiner Eigenschaft als praktischer Arzt anzurufen[124]).

Die Standesvertretung hat kein gesetzliches Recht, die Ausübung von allgemeiner Praxis neben der Spezialpraxis zu verbieten. Mit Recht sagt Flügge (D. M. W. 1909, S. 540): „Es gibt nur eine ärztliche Approbation, und diese befugt zur allgemeinen Praxis. Auch der preußische Ehrengerichtshof hat mit Urteil vom 9. Dezember 1908 diesbezüglich entschieden.

U. E. steht die Sache so: Niemandem kann man die allgemeine Praxis verwehren, wohl aber erscheint eine Beschränkung der Spezialpraxis im Interesse der Sicherheit als diskutabel.

Die Standesordnung der Züricher Ärzte l. c. § 10 äußert sich: „Die Bezeichnung als Spezialist kommt nur dem Arzte zu, der sich eine gründliche wissenschaftliche und praktische Ausbildung in dem betreffenden Spezialfache erworben hat und sich vorwiegend[125]) mit demselben beschäftigt. Die mißbräuchliche Bezeichnung und Empfehlung als Spezialist ist unstatthaft."

Eine allgemeine Praxis im eben genannten Sinne ist also hiernach zulässig.

Ökonomische und technische Vorteile. Eine weitere Kautele, die wir allerdings in der Literatur nirgends gefunden, ist die ökonomisch-technische. Im eigenen ökonomischen Interesse und in dem des Konsultations-Publikums liegt es, daß der Spezialarzt sich für sein Fach ein möglichst komplettes Instrumentarium anschaffen kann und nicht die unzähligen notwendigen Dinge für die Ausübung der Gesamtmedizin anschaffen muß. Nur so ist er imstande, in seinem Fache mit den besten Hilfsmitteln zu arbeiten. An übrigem Instrumentarium wird er sich nur das Notwendigste halten.

---

[123]) Peiper, l. c. S. 8.

[124]) Auch der Umstand der Verantwortlichkeit ist hier in Berücksichtigung zu ziehen. Wenn ein Spezialist in einem Notfall angerufen wird (er soll als Hautspezialist oder Gynäkologe eine Tracheotomie machen), dann ist er für Fahrlässigkeit ganz gleich verantwortlich wie jeder gewöhnliche Arzt, von dem man diesen Kunsteingriff verlangen kann. Der Arzt, auch wenn er Spezialist ist, soll die allgemeine Praxis betreiben können, denn er ist verpflichtet, sich auch darin weiterzubilden. Vgl. unter J. E.

[125]) Von uns gesperrt.

Ferner gibt es Gebiete, die dem gewöhnlichen Arzte so schwer fallen, daß er es vorziehen wird, sie in den Händen der Spezialisten zu belassen und seine Klienten im betreffenden Falle an diese zu weisen (Augen-, Hals-, Nasen- und Ohrenkrankheiten usw.).

Einteilung nach Quincke. Wenn wir hier die Einteilung Quinckes wiedergeben: Spezialitäten und Spezialisten:

„1. pathologische, Organ- und System-Spezialisten (z. B. innere Medizin, Chirurgie, Orthopädie, Haut-, Nerven- usw.-Krankheiten, Mikroskop- und Röntgen-Untersuchungen usw.),
2. therapeutische Spezialitäten (Bäder, Elektro-, Atmungs-Therapie),
3. Spezialitäten aus sozialen und persönlichen Gründen (Schiffs-, Militär-, Kassen-, Kinderärzte[126]), Arzt für Tropenkrankheiten),
4. Spezialitäten für bestimmte außermedizinische Zwecke (z. B. Gerichts-, Stadt-, Schulärzte)",

so tun wir es nicht ohne Vorbehalt, da uns diese Einteilung als ziemlich defekt erscheint, insofern, als es für gewisse Kategorien (Schiffs-Militär-, Kassen-, Gerichts-, Stadt- und Schulärzte) für uns nach dem oben Gesagten unmöglich ist, sie als Spezialärzte im Sinne der Definition anzuerkennen, da sie zum Teil nur die allgemeine Praxis im Sinne des approbierten Arztes unter besonderm Anstellungsverhältnis ausüben (privat: Schiffsarzt, kommunal: Schul-, Stadtarzt, staatlich: Militär- und Gerichtsärzte).

Anderseits muß z. B. der Arzt für Tropenkrankheiten unter Kategorie 1: Pathologischer Spezialist, ebenso der Kinderarzt als System-Spezialist betracht werden, ebenso auch Ärzte für Frauen- und Greisenkrankheiten.

Einteilung. Wir schlagen folgende Einteilung vor:

1. pathologische und Organ-Spezialisten:
innere Medizin, Chirurgie, Orthopädie, Augen-, Nasen-, Ohren-, Nerven-, Haut- und Geschlechtskrankheiten-, Magen- usw. Krankheiten; Tropenkrankheiten; Gewerbekrankheiten[127]); Gynäkologie;
2. Technische und System-Spezialitäten:
Balneologie, Röntgenologie, Elektrotherapie, Homöopathie(?)[128]), Bakteriologie, physikalische Therapie;
3. Evtl. Kinder- und Frauenärzte.

Es ist zweifelhaft, ob wir diese noch als Spezialärzte mit freiwillig abgegrenzter Tätigkeit und Beschränkung auf einen Personenkreis in dem Sinne, daß sie alle innerhalb dieses Kreises vorkommenden Fälle behandeln, zu betrachten haben.

---

126) Vgl. auch D. M. W. 1908, S. 115.

127) Gewerbeärzte werden mehr und mehr Ärzte im Anstellungsverhältnis.

128) Die Homöopathie steht auf der Grenze zwischen System-Spezialismus und Kurpfuscherei. Vgl. Kurpfuscherei.

In Parenthese ist zu bemerken, daß dieses Gebiet speziell von Frauen okkupiert wird, wie anderseits sich z. B. die Juden vornehmlich als Haut- und Geschlechtskrankheits-Spezialisten etablieren.

Alle anderen Arten von Ärzten, die Quincke nennt, sind nicht mehr freie Ärzte und Spezialärzte, sondern zufolge Anstellungsverhältnisses Funktionäre und haben keinen Anspruch auf den Titel Spezialarzt (auch Gewerbeärzte in Zukunft!).

„Arzt und Spezialarzt". Die Frage, ob ein Arzt außer der allgemeinen Praxis noch Spezialarzt sein könne, erscheint kontrovers. Wenn wir von dem Umstande ausgehen, daß jeder Spezialarzt auch einmal Arzt war und es noch ist, die allgemeine Praxis ausüben mußte, bevor er Spezialist war, so kann man ohne weiteres auch den Satz aussprechen, daß es ihm nachher nicht verwehrt werden solle, die allgemeine Praxis doch noch zu betreiben. Soll der Spezialarzt durch die Spezialisierung aller allgemeinen Kenntnisse verlustig gehen? Verlangen wir nicht im Notfalle selbst vom Spezialisten eine ärztliche Hilfe wie von jedem andern Arzt?

Dagegen erheben sich nun allerdings teilweise ärztliche Standesorganisationen, die es für unstandesgemäß halten, beide Arten der Praxis zu betreiben. Am 9. Dezember 1907 sprach der preußische ärztliche Ehrengerichtshof[129]) einen von seiner Standesorganisation deswegen verurteilten Arzt frei, ein Zeichen dafür, daß dieser Standesstandpunkt keine universelle Bedeutung haben kann. Auch wir wünschen, daß dem Spezialarzt die Möglichkeit, eine allgemeine Praxis zu betreiben, schon aus praktischen Gründen nicht benommen werden soll; denn es ist nicht von Vorteil, wenn der allgemeine praktische Arzt im Spezialarzt rudimentär wird und verkümmert.

Resumé. Resumiert erscheint die Spezialistentätigkeit koordiniert der allgemeinen Arzttägtigkeit als wünschenswert, Auswüchse sind vom ärztlichen Stande und seinen Organisationen zu bekämpfen (z. B. Universalspezialist, Spezialist für unheilbare Krankheiten usw.). Die Ausbildung hierfür erscheint freiwillig, nach persönlichem Ermessen und an keine exklusiven Maßregeln gebunden (wie Hamburg und Westfalen) als am standeswürdigsten und zweckmäßigsten. Der Spezialist beschränke sich im wesentlichen auf sein Gebiet und übe den allgemeinen Ärzteberuf nur im Notfalle aus (wenn angerufen), obwohl ihm prinzipiell die Berechtigung zur allgemeinen Praxis zufolge seiner Approbation nicht beeinträchtigt werden kann. Ein Hausarztverhältnis ist auch für den Spezialisten als zulässig zu betrachten.

---

[129]) M. M. W. 1908, S. 2469.

Literatur.

Aschrott und v. Liszt, F.: Die Reform des Reichsstrafgesetzbuches. Teil I und II. Guttentag, Berlin 1910.

Baas: Grundriß der Geschichte der Medizin. Stuttgart 1876.

Beck: Hippokrates' Erkenntnis. Jena 1908.

Biernacki: Die moderne Heilwissenschaft. Aus Natur- und Geisteswelt, Bd. 25.

v. Bollinger O.: Wandlungen der Medizin und des Ärztestandes in den letzten 50 Jahren. München 1909.

Conrad: Handwörterbuch der Staatswissenschaften. Jena 1899.

Cramer, A. Bemerkungen zu dem Vorentwurf zu einem deutschen Strafgesetzbuch. MMW. 1910, S. 363.

David, Georges: De l'exercice illegal de la médecine en France. Jurist. Diss. Poitiers 1904.

Diehl: Apotheker und Arzt. DMW. 1911, S. 1565.

Ebenmayer: Die Stellung des Arztes im Vorentwurf zu einem deutschen Strafgesetzbuch. DMW. 1911, S. 1128.

Flügge, G: Das Recht des Arztes. Berlin-Wien 1903.

Förtsch: Gebührenordnung für Ärzte und ärztliche Haftpflicht nach dem Hammurabigesetz. MMW. 1911, 1019.

Fürst, M.: Der Arzt. Aus Natur und Geisteswelt. Nr. 265.

Gruber: Über Wesen und Wertschätzung der Medizin zu allen Zeiten. München 1909.

Hafter, E.: Die vergleichende Darstellung des deutschen und ausländischen Strafrechts. (Zit. Hafter, Vergleich. Darstellung.) Z. f. Str. 1906, S. 133.

Hefke: Der Arzt im römischen und heutigen Recht. Darmstadt 1895. Arch. f. prakt. Rechtswissensch., N. F., Bd. 14.

Heimberger, J.: Der Vorentwurf zu einem deutschen Strafgesetzbuch in seiner Bedeutung für den Arzt. DMW. 1910, S. 3378. Zit. Heimberger, Vorentwurf.

Henkel: Hebammenwesen und Hebammenreform. MMW. 1907, S. 2534.

Hilscher und Winkler: Die rechtliche Stellung des Arztes in Gegenwart und Zukunft im österreichischen Recht. Wien 1910.

Hoche, R. und L.: Ärztliches Rechtsbuch. Hamburg 1905.

Holländer: Die Medizin in der klass. Malerei.

— Die Karikatur und Satire in der Medizin.

Joachim, N. und Korn, A.: Deutsches Ärzterecht. 2 Bände. Berlin 1911.

Kaiser: Apothekerwesen. Reichesbergers Handwörterbuch, S. 70.

Karger: Der Spezialarzt. MMW. 1908, S. 2047.

Kirchner: Ärztliche Rechtskunde. Jena 1907.

Koblank: Reform des Hebammenwesens DMW. 1910, S. 1136.

Kollbrunner: Die rechtliche Stellung des Arztes. Jur. Diss. 1903.

König: Der Arzt und der Kranke. Zeitschrift f. soziale Medizin I, 1896.

Kühn, Oskar: Die Ärzte in den Komödien Molières. 1906.

Kühn, W.: Weibliche Ärzte im Auslande. . MMW. 1905, S. 1644.

Kutner, R.: Ärztliche Rechtskunde. 12 Vorträge. Jena 1907.

v. Liszt, F.: Lehrbuch des deutschen Strafrechts. 17. Aufl. Berlin 1908.

Magnus, H.: Sechs Jahrtausende im Dienste des Äskulap.

Michalski, J.: Der „Spezialist“. Korr.-Bl. 1909, S. 395.

Moll, A.: Ärztliche Rechtskunde. Jena 1907.

Mory, Emil: Standesfragen. Betrachtungen eines Landarztes. Basel 1892.

Neuburger: Geschichte der Medizin. Stuttgart 1906.
Neumann, Hugo: Die öffentlich-rechtliche Stellung der Ärzte. Berlin 1904.
Pagel: Einführung i. d. Geschichte d. Medizin.
Paulsen: Der Beruf des Arztes. 1892.
Peiper, Erich: Der Arzt. Wiesbaden 1906.
Peters: Arzt- und Heilkunst in der deutschen Vergangenheit. Leipzig 1900.
Prinzing: Handbuch der medizinischen Statistik. Jena 1906.
Quincke, H.: Über ärztliche Spezialitäten und Spezialärzte. MMW. 1906, S. 1213ff.
Rapmund und Dietrich: Ärztl. Rechts- und Gesetzeskunde. 1898/99.
Richter, Paul: Über Ärztegötter und Ärztezeichen. DMW. 1911, S. 890.
Rocher, Henry: De l'exercice illegal de la médecine en France. Thése Paris 1908.
Rosenbach, Ottomar: Heilkunde und Spezialistentum. München 1907.
Rumpf, Th.: Vorlesungen über soziale Medizin. Jena 1908.
Sahli, W.: Das freiwillige Hilfswesen in der Schweiz. Korr.-Bl. f. Sch. A. 1904, Nr. 22.
v. Salis: Schweizerisches Bundesrecht.
Schmid, Dr. F.: „Ärztewesen“ im Handwörterbuch der schweiz. Volkswirtschaft usw. von Prof. Reichenberg 1901, S 25—27.
Schmidt, Dr. H.: Streiflichter über die Stellung des Arztes in der Gegenwart. Berlin.
Schollenberger, J.: Die schweiz. Eidgenossenschaft seit 1874. Berlin 1910. (Zit. Schweiz, seit 1874.)
— Bundesverfassung der schweiz. Eidgenossenschaft. Kommentar. Berlin I905. (Zit. Schollenberger, Kommentar.)
Scholz, Dr. F.: Von Ärzten und Patienten. Gmelin, München 1906.
Schwalbe, J.: Heranziehung d. Ärzte zur Gewerbesteuer? DMW. 1910, S. 129.
Schweninger, Ernst: Der Arzt. Bd. VII „Die Gesellschaft“. Frankfurt a. M.
Spezialistentum in Rußland. Moskauer Brief. DMW. 1908, S. 69.
Standesordnung, Die neue, der Gesellschaft für Ärzte in Zürich. MMW. 1907, S. 1477.
Standesordnung für die Ärzte Bayerns. MMW. 1910, S. 1319.
von Stengel: Wörterbuch des deutschen Verwaltungsrechts. Freiburg i. B. 1890.
Storath: Habitueller Chloroformmißbrauch. DMW. 1910, S. 1363.
v. Sury, H.: Erfahrungen über Explosionen. Med. Diss. Zürich 1911.
Traeb, W.: Die Behandlung der Morphiumsucht in Gesetz und Rechtsprechung. Arch. f. Strafrecht, Bd. 59, S. 69.
Trömner, E.: Hypnotismus und Suggestion. Aus Natur und Geisteswelt, Nr. 199. Leipzig 1908.
Ughetti: Zwischen Ärzten und Patienten. 1900.
Ulrich, Fr.: Über die Morbidität unter den Ärzten. Diss. Göttingen 1909.
Vierordt, Herm.: Arzt und Patient. Breslau 1893.
Waelsch: Über Syphilis d'emblée und die Berufssyphilis der Ärzte. MMW. 1909, S. 850.
Winkel, Max: Arzt-Apotheker-Industrie. MMW. 1912, S. 314.
Zürcher, E.: Kommentar zum Zürcherischen Strafgesetzbuch. Zürich 1894.

NB.: Nach 1. Juni 1912 zur Kenntnis Gelangtes wurde nicht mehr berücksichtigt.

GPSR Compliance

The European Union's (EU) General Product Safety Regulation (GPSR) is a set of rules that requires consumer products to be safe and our obligations to ensure this.

If you have any concerns about our products, you can contact us on ProductSafety@springernature.com

In case Publisher is established outside the EU, the EU authorized representative is:

Springer Nature Customer Service Center GmbH
Europaplatz 3
69115 Heidelberg, Germany

Batch number: 10844675

Printed by Printforce, the Netherlands